Walter Studer / Gertrud Huber-Brast

Das Wunder von Sachseln

Dann rief er die Zwölf zu sich
und gab ihnen die Kraft und die Vollmacht,
Dämonen auszutreiben
und die Kranken gesund zu machen.
Und er sandte sie aus mit dem Auftrag,
das Reich Gottes zu verkünden
und zu heilen.
Lukas 9,1-2

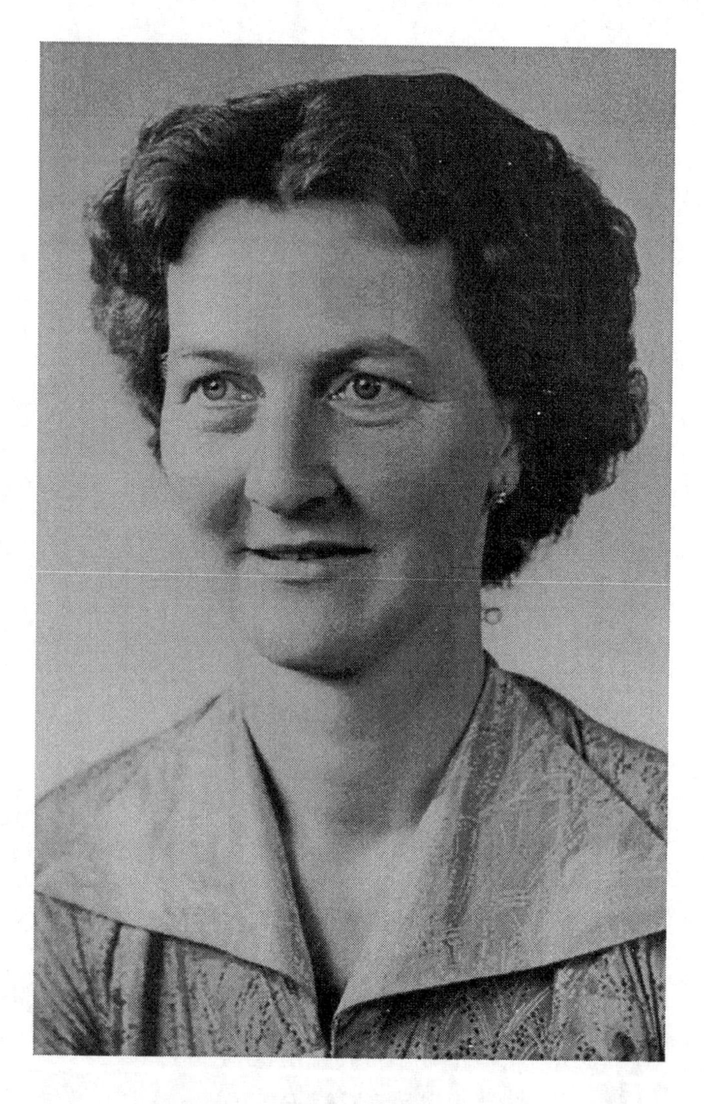

Ida Jeker 1940, drei Jahre nach der wunderbaren Heilung durch Bruder Klaus

WALTER STUDER
GERTRUD HUBER-BRAST

Das Wunder von Sachseln

Wie Ida Jeker und drei andere Frauen durch Bruder Klaus wunderbar geheilt wurden

Tatsachenberichte

CHRISTIANA-VERLAG
STEIN AM RHEIN

Walter Studer, geboren 1928, Bürger von Breitenbach/SO (Schwarzbubenland), Schulen in Breitenbach, Mechanikerlehre, Maschinenzeichner, Designer, Abschluss Ing. HTL (Elektrotechnik), Leiter einer Entwicklungsgruppe. Verheiratet und Vater von drei Kindern.
1988 Kulturpreis Kt. Solothurn, 1996 Kultureller Anerkennungspreis Lions Club, 1997 Förderpreis Raurachische Geschichtsfreunde.
Veröffentlichungen: «Auf einen kurzen Nenner gebracht» (Aphorismen), Eigenverlag; «Dr Seelespiegel» (Aphorismen in Mundart); «Regionale Schmunzelgeschichten», Band 1; «Gedanken ohne Schranken», alle im Verlag Jeger Moll, Breitenbach; «Regionale Schmunzelgeschichten» Band 2, Verlag Basler Zeitung; Ausstellungen über Fotoart, Natur und Landschaft, die Madonnen der Region, unser Jura.

Gertrud Huber-Brast hat ihr autobiographisches Zeugnis «Eine wunderbare Heilung durch Bruder Klaus» 1959 in der Vereinsdruckerei Frauenfeld veröffentlicht und in erweiterter Form unter dem Titel «So finden wir uns» in 4. Auflage bei Ziegler, Druck- und Verlags AG, Winterthur, herausgegeben. Dann übergab sie die Verlagsrechte an Christiana. Ihre Lebensdaten können dem Kapitel «Eine wunderbare Heilung durch Bruder Klaus» entnommen werden.

Fotonachweis:
Sämtliche Fotos stammen vom Autor, ausgenommen
Seiten 44: Foto Josef Reinhard, Sachseln
Seite 90: Foto Josef A. Slominski, Ratingen

1. Auflage 1998, 1.-6. Tsd.

CH-8260 STEIN AM RHEIN/SCHWEIZ

Satz und Layout: Christiana-Verlag
Druck: Bargezzi AG, Bern – Printed in Switzerland

Die Deutsche Bibliothek - CIP-Einheitsaufnahme

Studer, Walter / Huber-Brast, Gertrud:
Das Wunder von Sachseln: Wie Ida Jeker und drei andere Frauen durch Bruder Klaus wunderbar geheilt wurden. Tatsachenberichte / Walter Studer / Gertrud Huber-Brast - 1. Aufl. - Stein am Rhein : Christiana-Verl., 1998

ISBN 3-7171-1068-3

Inhaltsverzeichnis

Vorwort der geheilten Ida Jeker

Es freute mich, als Walter Studer aus Breitenbach an mich herantrat, um das an mir durch Bruder Klaus geschehene Wunder aus erster Hand und unbeeinflusst von anderer Seite von mir persönlich zu erfahren.

Mit Freude habe ich ihm für das Buch meine umfangreichen Schriften, Dokumente, Briefe und Fotos zugänglich gemacht und ihm mündlich über alle Einzelheiten berichtet.

Mit viel Sorgfalt und einem grossen Arbeitsaufwand hat er das nun vorliegende Buch den Tatsachen entsprechend realisiert.

In weit über 100 Vorträgen im In- und Ausland, vor Christen und Nichtchristen, vor Katholiken und Protestanten, habe ich im Verlauf der Zeit über das mir widerfahrene Wunder erzählt.

Möge das hier vorliegende Buch zu diesen Vorträgen eine sinnvolle Ergänzung werden und möge es meinen Mitmenschen und auch späteren Generationen alleweil Zeugnis geben für Gottes wundersames Wirken durch die Fürbitte unseres heiligen Bruder Klaus.

Ida Schwab-Jeker

Einleitung

Durch meine Mutter angehalten und belehrt im christlichen Glauben ist es für mich, einem «Schwarzbuben» im Alter von siebzig Jahren, eine ganz besondere Freude, das an der Büsseracherin Ida Schwarb-Jeker geschehene Wunder aufzuzeigen, zu beleuchten, zu würdigen und den ihm gebührenden geschichtlichen Stellenwert zu geben.

Kehre ich zu den Wurzeln des in meinem Leben erfahrenen Übernatürlichen zurück, sehe ich mich in den fünfziger Jahren, an einem Karfreitag, in Mervelier wieder. Mervelier liegt im Kanton Jura, am Fusse des Scheltenpasses, im sogenannten «Val Terbi», das sich bis nach Delémont erstreckt.

Ungefähr 30 km waren wir mit dem Fahrrad gefahren, um etwas, das wir gehört hatten, mit eigenen Augen zu sehen. Wir fanden das Haus und traten in eine Schlafstube ein. Andere Leute standen ebenfalls vor dem Bett von Denise Marquis, einer stigmatisierten Frau. Sehr deutlich sahen wir die Wundmale und die vorhandenen Blutkrusten, die diese umsäumten.

Jahre später fuhr ich erneut an einem Karfreitag dort hin. Niemand war zu sehen und keiner öffnete auf mein Klopfen.

War es der weite zurückgelegte Weg, der mich so kühn werden liess, einfach die Klinke niederzudrücken und ins Haus einzutreten? Alles war ruhig. Ich ging zum mir bekannten Zimmer, öffnete die Tür und trat ein. In der Kammer lag Denise Marquis im Bett und schlief. Erneut sah ich aus nächster Nähe die Wundmale auf ihrer Hand und auf der Stirne. Scheu und diskret zog ich mich zurück. Nachhaltig beeindruckte mich das Gesehene.

Ich erinnere mich auch noch vage an das Wunder, das Ida Jeker aus Büsserach widerfuhr, war ich doch damals neun Jahre alt.

Zwischen damals und heute liegt eine lange Lebensspanne. Beruflich durchlief ich verschiedene Stationen. Ich lernte Mechaniker, wurde Konstrukteur, Fabrikationschef, Designer und mit vierzig Jahren auch noch Elektroingenieur. Nebenbei schrieb ich Texte und Artikel für die Regionalzeitungen und machte die Fotos dazu.

Als ich nun vor zwei Jahren eine Reportage über das neue Büsseracher-Turmmuseum schrieb, der Turm trägt die Jahrzahl 1464, gelangte ich auch zum Glockenstuhl. Fasziniert blieb ich vor der grossen Glocke stehen, um sie zu betrachten. Geweiht ist sie dem hl. Bruder Klaus. Die Inschrift lautet:

Am 26.6.1937 wird Ida Jeker von Büsserach in Sachseln wunderbar geheilt. Die dankbare Gemeinde ihrem Fürbitter und Helfer.

Aus sechzigjähriger Vergangenheit taucht dieses Wunder wieder vor mir auf. Motiviert beschloss ich, die Tatsachen darüber aufzudecken und aufzuschreiben. Ich erfuhr auch, dass Bruder Klaus in meinem Wohn- und Heimatort Breitenbach schon früher stark verehrt wurde. Im Geiste sah ich das grosse Wandrelief der Tagsatzung zu Stans 1481, das bereits in der alten, abgebrochenen Kirche hing, und das Pfarrer Paul Rutz auch in der neuen Kirche wieder aufhängen liess.

Bei meinen Recherchen zum Wunder konsultierte ich als erstes das neu herausgekommene Heimatbuch von Büsserach. «Fehlanzeige»: Im Buch ist, ausser der Glockeninschrift kein Wort darüber zu finden. Dabei hat doch dieses Vorkommnis für die Büsseracher Lokalgeschichte einen grossen Stellenwert.

Zu Beginn befragte ich auch einige ältere Leute darüber und wurde schnell fündig. Im Elternhaus von Ida lebten zwei ihrer Schwestern, Alma und Olga. Leider verstarb Alma 1995.

Ich besuchte die beiden in ihrem Wohnhaus im Oberdorf, das die Hausnummer 32 trägt. Angenehm fiel mir der sauber gepflegte Vorgarten auf. Beim Eintreten in die Küche beeindruckte mich der alte, schwarze Eisenkochherd mit der glänzenden Messingstange und dem aufgesetzten Wasserschiff.

Nachdem ich mich vorgestellt und mein Anliegen vorgebracht hatte, erfuhr ich von den beiden Schwestern Olga und Alma, dass wir sogar noch verwandt sind.

Ida Jeker stammte aus dem Familienkreis mit Dorfnamen s Schaube. Die Familie meiner Mutter gehörte auch dazu, doch weil ihr Vater Konrad hiess, nannte man diesen Zweig s Chuerets. Und meine Mutter, die mit Vornamen Sophie hiess, war also s Chuerets Sophie.

Olga trug dicke Brillengläser und war auch altershalber in ihrer Beweglichkeit stark eingeschränkt. Alma holte Bücher und Zeitschriften, die über das Wunder an ihrer Schwester berichten. Dazwischen aber zeigte sie stolz meine beiden Bücher mit den Schmunzelgeschichten und lobte lachend deren Inhalt.

Sensibilisiert erzählten beide Frauen von der Vergangenheit und dem Wunder, das an Ida geschah – derweil ich Seite um Seite niederschrieb.

Sie sprachen über den kleinbäuerlichen Betrieb ihres Vaters, über die erste Industrie im Tal, über Idas Unfall, als sie von ihrer Schwester Erna unsanft aus dem Bettchen gehievt wurde, dem nachfolgenden Leidensweg von Ida, von den epileptischen Anfällen, die später dazu kamen, und schliesslich über das grosse Wunder, das an Ida geschah.

Später schrieb ich zu Hause die Notizen ins Reine. Aber wie das bei Informationen aus zweiter Hand üblich ist, wurden im Detail Korrekturen notwendig.

Ida Schwarb-Jeker, die in Pratteln/BL verheiratet ist, rief mich an und lud mich ein, doch zu ihr nach Pratteln zu kommen, um alles zu bereinigen.

Viel Zeit verstrich. Als pensionierter Kulturschaffender arbeitete ich gleichzeitig an verschiedenen Manuskripten und Fotobüchern. Haus und Garten verlangten den Rest an Freizeit. Ida jedoch hatte mich nicht vergessen. Sie rief mich erneut an, und wir vereinbarten einen Termin bei ihr zu Hause in Pratteln.

Herzlich wurde ich von dem Ehepaar begrüsst. In der Wohnstube wurde mein Blick von schönen Kunstwerken, die Ida geschaffen hatte, gefangen. Sie liebt die Gobelinstickerei und ist darin Meisterin. Unvergleichlich schön die leuchtenden Blumenmotive und die vielen anderen Sujets.

Ida begann die Geschichte ihrer Wunderheilung zu erzählen und ich schaltete das mitgebrachte Tonband ein. Das waren nun wirklich Informationen aus erster Hand.

Einiges, das zum 50jährigen Jubiläum der Heiligsprechung von Bruder Klaus in der Presse veröffentlicht wurde, sei nicht richtig, meinte Ida.

Meine Tonbandkassette war nun gefüllt mit vielen neuen Tatsachen und Begebenheiten. Ida vertraute mir noch eine Tonbandkassette mit einem vor zehn Jahren in Sachseln gehaltenen Vortrag an. Sie bemerkte, dass an ihren Vorträgen oft auch viele aufmerksame Protestanten teilnähmen.

Vom «Coiffeur Max» in Büsserach erhielt ich eine weitere Kassette von Idas Vortrag in Büsserach. Mehrmals fuhr ich auch nach Sachseln und in den Ranft, um Spuren des grossen Heiligen zu fotografieren. Ida stellte mir zusätzlich Fotos und Dokumente zur Verfügung. Aus dem reichhaltigen Material entstand schliesslich das vorliegende Buch.

Die Zeit eilt, und bald einmal sind alle Personen, die Zeit- und Augenzeugen waren, nicht mehr unter uns.

Da dieses Buch der Geschichtsschreibung verpflichtet ist, bin ich auch auf das Umfeld der Jugendzeit von

Ida Jeker eingegangen. Zusätzlich habe ich weitere Wunderheilungen durch Bruder Klaus dokumentiert:

Bertha Schürmann aus Egerkingen, die am 18. Mai 1939 wunderbare Heilung durch die Fürbitte von Bruder Klaus erleben durfte und Anna Melchior aus Klagenfurt, die am 15. Mai 1937, dem Tag der Heiligsprechung von Bruder Klaus, geheilt wurde.

Im nächsten Kapitel streife ich kurz das Leben von Denise Marquis aus Mervelier am Fusse des Scheltenpasses im Kanton Jura, deren Stigmatisation und Nahrungslosigkeit seinerzeit in unserer Region stark im Gespräch war.

Als letztes Kapitel folgt das autobiographische Zeugnis von Gertrud Huber-Brast aus Frauenfeld, die in Sachseln durch Bruder Klaus wunderbar geheilt wurde.

Mein herzlicher Dank gilt Ida Schwarb-Jeker und all jenen, die mitgeholfen haben, dass dieses Werk zustande kam. Einen besonderen Dank richte ich an unsere Sponsoren:

Katholische Kirchgemeinde, Büsserach
Kultur- und Leseverein, Breitenbach
Emil & Rosa Richterich-Beck Stiftung, Laufen
Lotteriefonds des Kantons Solothurn

Möge der geistige Wahrheitsgehalt dahin auf den Leser wirken, dass er das wunderbare Wirken Gottes erkennt, das hier durch die Fürbitte unseres grossen Landesheiligen Bruder Klaus vollbracht wurde!

Im August 1998, Walter Studer

Ida Jeker – Die Familie und ihre Zeit

Ida Jeker wurde in eine Zeit hineingeboren, wo man noch keinen Luxus kannte. Man musste damals noch für jeden Batzen hart arbeiten. Ihr Vater war gelernter Weber. Als er in der hiesigen Gegend seinen Beruf nicht mehr ausüben konnte, fand er Arbeit im Elsass. Gerne wäre er damals nach Amerika ausgewandert, allein die Mutter wollte nicht. Idas Mutter war eine Bauerntochter und stammte vom Hof Le Greierlet (Mundart: Greyerli) Montsevelier/JU. Die Familie zog später nach Erschwil/SO (s Schwallners).

Bereits in Erschwil musste Idas Mutter zu Hause auf einem Webstuhl Seidenbändel weben. Mit einem ausrangierten Kinderwagen brachte sie dieselben jeweils nach Laufen zur Bahn. Das sind hin und zurück mehr als zehn Kilometer.

Auf der Rückreise besuchte sie jeweils meistens die Schwester ihrer Grossmutter, die in Büsserach wohnte und die man nur die «Franz-Gotte» nannte. Sie freute sich jedesmal schon im voraus auf die goldgelbe Rösti, die ihr die gute Frau stets aufzutischen pflegte. Dort lernte sie auch ihren späteren Ehemann «s Schaube Robert» aus Büsserach kennen.

Nach der Heirat führten die beiden zusammen in Büsserach einen kleinen Bauernbetrieb. Mit Gütern waren sie alles andere als reich gesegnet. Den beiden einfachen und gottesfürchtigen Eltern wurden sechs Kinder geboren. Der Vater hätte gerne einen Buben gehabt, aber die Vorsehung wollte es anders.

Die Milch der beiden Kühe, die im Stall standen, reichte gerade zur Ernährung der achtköpfigen Familie. Da man keine Pferde besass, mussten die Kühe auch als Zugtiere für die Feldarbeit eingesetzt werden.

Bis ins hohe Alter von 87 Jahren arbeitete die Mutter von morgens früh bis abends spät am grossen Webstuhl.
Mit dem so zusätzlich verdienten kargen Tagesverdienst von rund elf Franken konnte sie wesentlich zum Unterhalt der Familie beitragen.

Marie war die Erstgeborene, Alma kam, Olga folgte, Erna wurde geboren und zwei Jahre danach Ida – und vier Jahre später kam noch Emmeli dazu.

Die sechs Mädchen mussten allesamt im selben Zimmer schlafen. Es war kein weiteres Zimmer verfügbar, denn im Parterre wohnte noch die Familie von Vaters Schwester und in einem anderen Zimmer stand der grosse Webstuhl. Emmeli, das jüngste der Mädchen, schlief mit Ida im gleichen grossen Bett.

Ihre Spielsachen verfertigte die Mutter selbst. Aus Stroh bastelte sie Vögelchen und dergleichen.

Wenn die Kinder am Morgen aufstanden, sauste das Weberschiffchen schon längstens hin und her, wie auch am Abend, wenn sie zu Bett gingen. Die Mutter arbeitete oft bis um Mitternacht. Trotz des langen Tagespensums war ihr Verdienst sehr karg. Zuletzt kam sie auf höchstens elf Franken pro Tag.

Später fanden die Mädchen Arbeit in den Fabriken von Breitenbach; Marie, Alma und Olga in der Bandfabrik in Breitenbach, die im Volksmund nur die «Bängeli» genannt wurde; Emmeli und Erna in der Brac, die Uhren herstellte und deswegen auch nur die «Uhri» genannt wurde. Die kranke und teilinvalide Ida musste natürlich zu Hause bleiben. Nach ihrer Heilung wäre Ida auch gerne in die Fabrik gegangen. Doch der Vater fand, dass sie ihm im Bauernbetrieb helfen könne, was sie dann sieben Jahre lang um Gotteslohn auch tat. Erst später fand sie in einem Betrieb in Büsserach eine Anstellung.

Da den Eltern kein Sohn beschieden war, übernahmen die Mädchen die Arbeit, die ansonsten den Männern vorbehalten war. Sie mussten mähen, melken, den Stall ausmisten, Holz sägen und spalten und vieles andere mehr.

Die Schwestern mussten den Zahltag abliefern und erhielten persönlich lediglich 50 Rappen Trinkgeld (pro Monat!), wovon keine reich werden konnte.

Die Krankheit von Ida kostete eine Menge Geld. Krankenversichert war sie nirgends, weil keine Kasse sie aufnahm. Erst nach ihrer Heilung konnte sie in die Christlichsoziale Krankenkasse (heute CSS) eintreten und bei dieser Kasse ist sie noch heute versichert.

Das Leben ging weiter. Nach der Heilung erhielt Ida den Besuch eines Sonderlings. Es kam da einer ins Haus und bat, sie zu sprechen. Er sagte zu ihr, da ihr jetzt so grosse Gnade zuteil geworden sei, könne man von ihr auch ein Opfer verlangen. Er begehre, dass sie ihn heirate. Der Sonderling hatte ein Holzbein und ein Glasauge und war im Grunde genommen ein armer Kerl. Auf die Frage, woher er komme und wie er heisse, sagte er lediglich, dass er aus Deutschland komme.

Besorgt schaute der Vater mehrmals ins Zimmer, wo der Fremde Ida zu überzeugen versuchte. Natürlich konnte Ida nicht zusagen, so dass der fremde Galan unverrichteter Dinge wieder gehen musste. Vorher aber bat er, im Hause übernachten zu dürfen, doch da die Familie Jeker über kein freies Bett verfügte, schlief er dann in einem Heuschober oberhalb des Dorfes.

Das Doppel-Kuhgespann ist eingeschirrt. Der Vater ist bereit, zusammen mit Marie, der ältesten Schwester von Ida, zur Feldarbeit aufzubrechen.

Die jüngste Schwester Emmeli war Dienstmädchen bei einer Familie Chèvre in Movelier/JU. Dort lernte Marie bei einem Besuch den Sohn des Hauses kennen und fand so ihr Eheglück im welschen Jura.

Ähnlich erging es Erna, die ihr Glück des Lebens in Mettenberg fand. Emmeli fand ihr Eheglück in Eiken, wo auch Idas Mann herkommt.

Olga und Alma blieben ledig. Alma wäre zwar gerne ins Kloster gegangen, aber als sie sich bei Schwester Basilia, die von Büsserach aus dem Hause der «s Gundihansen» stammte, erkundigte und feststellte, dass zum Eintritt ins Kloster eine komplette Aussteuer und ein Bat-

Das Wohn- und Bauernhaus der Familie Jeker-Borer in Büsserach. Hier verbrachte Ida zusammen mit ihren fünf Schwestern ihre Jugendzeit.

zen von etwa 2'000 Franken mitzubringen sei, war dieser Traum auch schon ausgeträumt.

Die beiden Mädchen lebten zusammen mit ihrem Vater und ihrer Mutter bis zu deren Tod im Elternhaus. Der Vater starb im Alter von neunzig Jahren. Am Grabe spielte die Dorfmusik «Konkordia», dessen Gründer- und Ehrenmitglied er war. Auch sorgte er sich über 32 Jahre lang in der Forstkommission um das Gedeihen des Waldes. Die Mutter starb mit zweiundneunzig Jahren.

Wer nun glaubt, dass nach der Wunderheilung durch Bruder Klaus im Jahre 1937 für Ida keine weiteren Prüfungen bevorstanden, irrt. Wie ein roter Faden ziehen sich weitere Krankheiten durch ihr Leben.

Waren vor ihrer Wunderheilung die eitrige tiefe Wunde am gelähmten linken Arm und die unberechenbare Epilepsie und auch die Bruchoperationen, die infolge ihrer allgemeinen Schwäche dazu kamen, eine Tatsache, so führte nach der Heilung ein Überfall auf ihre Person zu einem Bauchfellriss.

Später in Pratteln, wo sie jetzt zu Hause ist, erlitt sie einen Herzinfarkt, stürzte deswegen von ihrem Töffli und erlitt einen Bluterguss. Erneut finden wir sie im Spital von Liestal. Diagnose: Vier Thrombosen in der Lunge. Später traten Beschwerden im Unterleib auf.

Dr. Werner Aenishänslin stellte Verwachsungen im Darm fest, die durch vorausgegangene Operationen entstanden waren. Eine erneute Bauchöffnung wurde notwendig. Man schnitt ihr 30 cm Darm heraus.

Im Alter von 33 Jahren (1951) erlitt Ida eine schwere Fleischvergiftung. Sie sass zu Tisch und ass eine Wurst. Es war keinesfalls eine alte Wurst, nein, sie kam direkt vom Dorfmetzger. Auf einmal, sie sass noch am Tisch, wurde ihr hundeelend. Sie bat Olga, ihr einen Schnaps zu holen, doch diese brachte ihr dummerweise ein Glas Milch, welches Ida austrank. Ihr wurde immer schlechter und der Arzt musste geholt werden. Es war leider nicht der Hausarzt, der sie kannte, sondern ein Stellvertreter.

Nach einer Schnelldiagnose meinte dieser, das sei eine Dickdarmentzündung. Ida entgegnete, das sei mit Bestimmtheit keine Dickdarmentzündung, denn eine solche hätte sie schon einmal gehabt, und diese Symptome seien ganz anders. Der Arzt schnauzte sie an und entgegnete: «Sind Sie der Arzt oder ich?»

Anderntags war alles noch viel schlimmer und die Augen waren angeschwollen. Notfallmässig wurde sie ins Spital Breitenbach eingeliefert, wo sie ohnmächtig wurde. Man musste mit dem Schlimmsten rechnen – mit ihrem Ableben.

In Begleitung eines Ministranten, der das Versehglöcklein läutete, brachte ihr der Pfarrer die Kommunion als letzte Wegzehrung und die Krankensalbung. In seinem Auto brachte der Giger Werner eilends Eltern und Geschwister ans Sterbebett.

Alma meinte damals: «Mutter, lassen wir sie jetzt sterben, so friedlich wird sie nie wieder von uns gehen können». – Doch Ida starb nicht. Sie wurde auf einmal gelb

Idas fünf Schwestern waren harte Arbeit gewohnt. Hier die Schwester Alma, die zusammen mit Emmelis Ehemann Holz sägt. Der Vater Robert hält das zu sägende Holz.

im Gesicht und darauf meinte der Mediziner: «Jetzt ist sie überm Berg – jetzt ist sie gerettet!»

Eine weitere, ganz eigenartige Krankheit reihte sich an die vorherigen. Im Jahre 1988 traten bei ihr am ganzen Körper, wie aus dem Nichts kommend, Lähmungserscheinungen auf. Sie konsultierte einen Doktor nach dem

Die arbeitsamen Eltern von Ida. Der Vater war gelernter Posamenter und Gründungsmitglied der Musikgesellschaft «Konkordia».
Hier im Bild: Nach getaner harter Wochenarbeit ein verdientes Sonntagsruhestündchen auf der Sitzbank vor dem Haus.

andern. Keiner aber konnte ihr helfen. Man machte ihr Fangopackungen, streckte Hals- und Rückenwirbel – alles vergebens. Zum Schluss landete sie bei Dr. Urs Vögelin in Pratteln.

Nach der Untersuchung sagte sie zu ihm: «Gälled Herr Dokter, dir glaubet o, das ig simuliere tue.» Er aber sagte zu ihr: «Frau Schwarb, ich habe einen grossen Verdacht und ich bin fast überzeugt, dass ihr Leiden von den Zähnen kommt.»

Ida widersprach und sagte, dass das nicht stimmen könne, da sie ja seit langer Zeit Zahnprothesen trage. Zu sich selber sagte sie: Jetzt war ich bei sechs Ärzten und dieser da weiss noch am wenigsten.

Dr. Vögeli war aber seiner Sache ziemlich sicher. Mit Ida zusammen begab er sich ein Stockwerk tiefer, wo eine Zahnärztin ihre Praxis hatte. Beide Ärzte betrachteten Idas Prothese, wo eindeutig sichtbar blanke Metallverstärkungen durch die Prothesenplastik hervorschauten.

Auf Anregung des Arztes musste die Zahnärztin alle blanken Metallteile durch einen Abdecklack überdecken. Nach dem Wiedereinsetzen der Prothese war Ida ihre Beschwerden los.

Dieses Phänomen kann man sich so erklären: Idas Speichel löste als ein Elektrolyt sogenannte Metall-Ionen aus der blanken Metallverstärkung. Nach der Isolation durch den Lack konnten keine Metall-Ionen mehr herausgelöst werden und in den Körper gelangen.

Um dauerhafte Abhilfe zu schaffen, musste sie für 2500 Franken eine neue untere Prothese anfertigen lassen.

Es kam das 50jährige Jubiläum der Heiligsprechung von Bruder Klaus im Jahre 1997. Das Fernsehen wollte in Sachseln zusammen mit Ida Schwarb-Jeker eine Sequenz drehen, doch daraus wurde nichts. Der Arzt stellte kurz zuvor eine Lungen- und Brustfellentzündung fest.

Blenden wir noch einmal in die Zeit nach ihrer Wunderheilung zurück. War ihr der Jungmädchentraum, in der Isola in Breitenbach ihr Brot verdienen zu können, versagt, so fand sie später doch noch Arbeit in Büsserach, in einer Fabrik, wo Spielsachen hergestellt wurden. Bereits nach wenigen Wochen wurde sie zur Vorarbeiterin ernannt. Auch im Nähen brachte sie es autodidaktisch zu grossem Ansehen.

Bei «Xanders Roseli» lernte sie das Kleider-Flicken. Das Roseli pries ihre Fähigkeiten im Dorf bei anderen Frauen.

Diese Mundpropaganda zeigte Wirkung. Bald wollten viele Frauen Idas Nähdienste in Anspruch nehmen. So ging sie auf die Stör und erarbeitete sich einen Kundenkreis von 24 Personen und Familien.

Der Hebamme in Erschwil half sie z.B. die Aussteuer nähen. Für eine Frau Meier in Reinach nähte sie den ersten Rock, der auf der Vorderseite 24 feine Knopflöcher hatte, und der ihr viel Lob einbrachte.

Alois, ihren Ehegatten, lernte sie in Basel in einem Café kennen. Er war damals 46 und sie 42 Jahre alt. Sie schrieb ihrem Zukünftigen nach Eiken: «Rein wie das Edelweiss will ich vor den Traualtar treten.»

1960 heirateten sie. Anderthalb Jahre später wurde ihnen ein Sohn geboren, der natürlich auf den Namen Niklaus getauft wurde.

Zurückblickend stellen beide fest, dass sie stets eine sehr glückliche Ehe miteinander geführt haben. Dankbar und zufrieden geniesst das Ehepaar den Lebensabend.

Das Ehepaar Ida und Alois Schwarb-Jeker

Alte, markante Bruder-Klausen-Statue. Sie steht in der unteren Ranftkapelle.

Bruder Klaus

Kurzfassung über sein Leben und Wirken

«Jeder der um meines Namens willen Häuser oder Brüder, Schwestern, Vater, Mutter, Kinder oder Äkker verlassen hat, wird dafür das Hundertfache erhalten und das ewige Leben gewinnen» (Mt 19,29).

Wahrscheinlich am 21. März 1417 geboren, führte Bruder Klaus ein Leben, das von normalen Freuden und Sorgen der damaligen Zeit geprägt war, bis er am 16. Oktober 1467, mit dem Einverständnis seiner Frau Dorothea und seinen Kindern, seinen Hof und seine Familie verliess. Sein zehntes und jüngstes Kind war damals gerade 16 Wochen alt. Er zog aus seinem selbstgebauten Haus aus, um nur noch den Dialog mit Gott zu suchen. Er wollte sich in Armut und Einsamkeit ganz der Lobpreisung Gottes widmen.

Seine Verdienste als Bürger seines Landes sind belegt und unbestritten. Zwischen 1440 und 1460 nahm er an mehreren Feldzügen teil und wurde Hauptmann. In dieser Eigenschaft bewahrte er das Kloster Katharinental bei Diessenhofen vor der Plünderung. Er war ein senkrechter Soldat, ein gerechter Richter und Landrat – und im Ranft, wohin er sich in die Einsamkeit zurückzog, ein Beter und Büsser, der 19 Jahre lang ohne Speis und Trank lebte.

Abstieg in den Ranft,
eine beschaulich prächtige Landschaft

Das von Bruder Klaus selbst gezimmerte Wohnhaus. Hier war er Bauer, Ehemann und Vater von zehn Kindern. Seine Familie und sein Heim verliess er 1467, um in der Einsamkeit nur noch Gott allein zu dienen.

Nach seinem Entschluss, nur noch Gott zu dienen, wanderte er als Suchender in Richtung Elsass. Er wusste, dass es dort gottesfürchtige Einsiedler gab. Nach einem Gespräch mit einem Bauern in Lausen bei Liestal besann er sich jedoch eines andern und kehrte wieder um. Des Nachts lief er an seinem eigenen Haus vorbei, ging nicht hinein, sondern stieg auf die ihm gehörende Klisterli-Alp hinauf. Trotz des anfänglichen Geredes liess er sich von seiner göttlichen Berufung nicht abbringen.

Die Aussenfassade der Wallfahrtskirche in Sachseln zieren zwei 1941 in der Vatikanischen Mosaikfabrik angefertigte Mosaike. Sie sind Kopien der an dieser Stelle von Anton Stockmann 1904 gemalten Bilder. Hier die linke Seite mit der Darstellung der Muttergotteserscheinung, die Bruder Klaus im Ranft hatte.

Etwas später fand er im Ranft eine Bleibe und begann sein zweites Leben. Bauern, Bürger, Gelehrte, Professoren, Gesandte, Ärzte und Geistliche besuchten ihn dort und suchten seinen Rat.

Als eines seiner grössten Werke gilt der Friede zu Stans («das Stanser Verkommnis» vom 22. Dezember 1481). Auf der damaligen Tagsatzung hörte man auf seinen Rat. Der Bürgerzwist wurde beigelegt und Solothurn und Freiburg in den Bund der Eidgenossen aufgenommen.

70-jährig starb er 1487 an seinem Geburtstag. Schon im Jahr darauf wurden ihm erste Wunder zugeschrieben, nicht nur in der Schweiz, sondern auch in Heidelberg, Nürnberg, Eichstätt und Erfurt. Man rechnete allgemein mit seiner baldigen Seligsprechung. 1591 verzeichnete man 57 Wunder. 1613 waren es deren 47 und 1618 sogar 87 Wunder.

1649 wurde er selig gesprochen. Es dauerte dann noch fast 300 Jahre, bis ihn Papst Pius XII. am 15. Mai 1947 heilig sprach. Die Heilungswunder an Ida Jeker aus Büsserach und an Bertha Schürmann aus Egerkingen haben entscheidend dazu beigetragen.

Tagsatzung zu Stans

Dieses Wandrelief, gestiftet von Bertha Borer, der Schwester des Gründers der Schweizerischen Isola-Werke in Breitenbach, befindet sich in der Pfarrkirche von Breitenbach, wo Ida Jeker gefirmt wurde.

Bruder Klaus, Landesvater und Beschützer der Heimat

Hitler hatte 1939 im Grössenwahn den Zweiten Weltkrieg angezettelt und überrannte in den nächsten Jahren, eine riesige Blutspur hinter sich herziehend, den grössten Teil Europas. Die Schweiz, das kleine, neutrale Land war von der Achse Berlin-Rom eingekreist. Man schrieb 1940 und die zweite Generalmobilmachung der Schweizer Armee war angeordnet worden.

Reichspropagandaminister Dr. Joseph Goebbels erklärte am 12. Mai 1940 in einer Rede, dass es binnen 48 Stunden in Europa keine neutralen Staaten mehr geben werde. Es herrschte grosse Gefahr und stündlich erwartete die in den Bereitschaftsstellungen liegende Schweizer Armee den Einmarsch deutscher Truppen.

Damals war ich zwölf Jahre alt und ich erinnere mich deutlich und genau, wie wir hinter dem Haus Brennholz sägten. Der Dorfholzsager, der «Lisebeth Hans», wie er im Volksmund genannt wurde, war mit seiner fahrbaren Holz-Bandsäge gekommen. Der Einzylindermotor mit dem schweren Schwungrad lief auf Hochtouren. Während mein Vater dem Lisebeth Hans die Holzspälten zureichte und dieser die Abschnitte sägte, musste ich die abgesägten «Trümmeli» auf einen Haufen werfen. Als sich Hans den Schweiss von der Stirne strich und dabei den Blick für einen Moment nach Norden richtete, rief er erschrocken: «Jetzt kommen die Deutschen. Seht ihr dort am Himmel über Basel diese Fallschirmspringer «Jöre Maria» meinte er, «jetz ischs passiert.»

«Das sind Hunderte, die da gleichzeitig vom Himmel fallen.» Und wirklich – alle waren wir im Glauben, dass dem so sei. Als dann nach ein zwei Minuten, diese «Fallschirmspringer», etwa 20 km von uns aus gesehen, noch immer gleich hoch am Himmel hingen, da wurde uns allen schnell bewusst, dass wir uns getäuscht hatten.

Zu Hunderten hingen kleine Wölklein am Himmel. Diese Wölklein, bei uns «Schäfchen-Wölklein» genannt, hatten im ersten Augenblick tatsächlich eine sehr grosse Ähnlichkeit mit Fallschirmspringern. So hatten wir uns glücklicherweise getäuscht.

Nicht getäuscht jedoch hatten sich viele Menschen, die am 13. Mai 1940 über dem Waldenburgertal, über jener Gegend am Fusse des Hauenstein-Passes, wo vor über 500 Jahren Bruder Klaus vorbeiwanderte, eine wohl einmalige Himmelserscheinung zu sehen bekamen.

Die Talbewohner, vorwiegend protestantischen Glaubens, und auch viele Soldaten sahen am Himmel die Erscheinung einer grossen Hand.

Übereinstimmend sagten die zahlreichen Zeugen später aus, dass man sogar in der nach unten gerichteten Hand silhouettenartig die Handknochen durchscheinen sah. Diese Erscheinung am Abendhimmel war zweifelsfrei eine Hand – die Hand von Bruder Klaus.

Nachdem kurz darauf im freisinnigen *Luzerner Tagblatt* darüber berichtet wurde, entschloss sich auch die regionale Presse, ihre Zurückhaltung abzulegen und das Ereignis ebenfalls zu erwähnen. Auszugsweise daraus:

«Die kirchlichen katholischen Behörden sind mit aller Reserve und grösster Gründlichkeit an die Untersuchung des Vorkommnisses von Waldenburg herangetreten. Werner Durrer aus Sachseln, Vicepostulator im Heiligsprechungsprozess des Seligen vom Ranft, hatte sich nach Waldenburg begeben, wo er mit Unterstützung der weltlichen Behörden fünfzehn einwandfreie Zeugen aus den verschiedensten Berufen, Greise, Männer (Zivilisten und Soldaten), Frauen und Jugendliche einvernahm, wobei sämtliche die Vision als selbst gesehen unterschriftlich bezeugten.

Von diesen Zeugen bekannten sich vierzehn zum protestantischen und ein einziger zum katholischen Glauben. Sie hatten die Erscheinung unabhängig voneinander, von verschiedenen Orten aus, in einer Entfernung von zirka acht Kilometern, in Richtung Fricktal gesehen. Von halb zehn Uhr abends ungefähr eine halbe Stunde lang, worauf sie langsam verblasste.

Im Hinblick auf die sehr bestimmten Protokollerklärungen der protestantischen Augenzeugen werden die katholischen Untersuchungsorgane die Bruder-Klausen-Vision als tatsächliches Ereignis annehmen dürfen.»

Die Aescher-Volkszeitung, die ebenfalls über diese Vision berichtete, schrieb zum Schluss:

«Der Katholik kann und darf an Wunder und Visionen glauben; aber er muss nicht.»

In der heutigen alles hinterfragenden Zeit mag dies vielleicht bei vielen Lesern zu einem müden Lächeln Anlass geben. Damals aber war das anders. Man war sich der riesengrossen Gefahr wohl bewusst und es blieb nur das Vertrauen in die Göttliche Vorsehung. Und so betete denn die katholische Kirche zu ihrem Landesvater um Fürbitte und bat ihn um Schutz und Schirm.

Noch heute klingt in meiner Erinnerung die Melodie und der Text des damals viel und überall gesungenen Bruder-Klausen-Liedes «Vom Himmel blickt ein heller Stern» nach:

«*Im Wetter wild und Sturmgebraus,*
bewahr das liebe Schweizerhaus
in Gottes heilgem Frieden.»

Es ist auch verbürgt, dass selbst unser General Henri Guisan gottesfürchtig war und tagtäglich sein «Unser Vater» betete.

Bereits im Ersten Weltkrieg vertraute die Schweiz auf Bruder Klaus. Am 21. März 1917 feierte das Solothurner Bataillon 4 in der Kirche von Delémont den 500. Geburtstag des Friedensstifters vom Ranft. Die Ansprache hielt der Hauptmann im Generalstab Hermann Obrecht (1882-1940), Solothurner Nationalrat und Regierungsrat. Als Bundesrat (1935-1940) organisierte er die Landesversorgung und nahm 1939 an der MUBA kompromisslos gegen den Nationalsozialismus Hitlers Stellung.

Beispiele von Zeugenaussagen

Hans Haas aus Waldenburg ist einer der letzten noch lebenden Zeugen, der am 13. Mai 1940 die Himmelserscheinung gesehen hat. Auch heute noch, nach 58 Jahren, steht der Protestant zu dem, was damals die ganze Schweiz bewegte.

Das Erscheinungsbild, eine grosse, klar umrissene Menschenhand, die am heiterhellen Abendhimmel sich zeigte, steht heute noch plastisch vor seinen Augen. Geboren 1928 wohnt er in seinem schmucken Eigenheim, wo der Verfasser ihn im Juli 1998 besuchte. Sein Wohnhaus steht an einem Hang, von wo der Blick über das romantische Tal und die alte Ortschaft schweifen kann. Hier in seinem Garten erzählt er mir aus jener Zeit:

«Damals herrschte grösste militärische Aktivität. Tag und Nacht fuhren von Pferden gezogene Kanonen über den Hauenstein ins Baselbiet hinunter. Es herrschte eine grosse Aufregung. Viele Menschen waren auf der Strasse und das Militär hatte Alarm (stand in Alarmbereitschaft). Das war für uns Buben

natürlich eine Sensation und wir wussten es immer so einzurichten, dass wir alles aus nächster Nähe mitverfolgen konnten.

Auch heute, im Alter von siebzig Jahren, sehe ich noch immer dasselbe Bild vor mir wie damals, als ich mit zwölf Jahren abends gegen halb zehn Uhr zum Himmel starrte. Die Hand war ganz deutlich zu sehen. Fast wie aus Eisen geschmiedet, jedoch von Farbe weisslich und fast so gross wie ein tieffliegendes Flugzeug. Meiner Meinung nach dauerte die Erscheinung etwa zehn Minuten. Was ich sah, werde ich, so lange ich lebe, nie vergessen.»

Zur Zeit der Himmelserscheinung wohnten erst zwei katholische Familien in Waldenburg.

Josef Kamber gehörte zu einer von ihnen. Er war im protestantischen Umfeld wohlgelitten. Für die Gemeinde durfte er sämtliche Fuhren ausführen – ja selbst mit dem Totenwagen begleitete er die Einwohner auf ihrem letzten Gang. Zur Zeit des Vorkommnisses war er zwölf Jahre alt. Bei Kaplan Werner Durrer gab er folgende Version zu Protokoll:

«Ich sah ungefähr eine halbe Stunde lang eine deutlich erkennbare Hand. Es war sicherlich keine Wolke, sondern eine klar umrissene grosse Menschenhand. Einige Frauen weinten zuerst – und doch wirkte die Erscheinung beruhigend. Alle merkten, dass das etwas zu bedeuten hat. Mein erster Gedanke war: Wir werden beschützt!»

Weitere Zeugnisse

Auf Veranlassung des damaligen Bruder-Klausen-Kaplans Werner Durrer wurden zahlreiche Personen über die «Hand» befragt. Im Pfarrarchiv Sachseln werden heute 32 beglaubigte Aussagen, datiert vom 9. Juni 1940, aufbewahrt. Die folgenden Beschreibungen der Himmelserscheinung sind repräsentativ für die Aussagen der befragten Personen.

«Fast die ganze Ortschaft sah es. Es waren absolut keine Wolken. Ich sah nur eine Hand, aber so klar, dass es mir schien, man sehe die Sehnen daran. Es dauerte zirka eine halbe Stunde. Es war sehr gross. Es war sicher keine Wolke. Ich bin 68 Jahre alt, von Beruf Landwirt.» *Johann Berger-Heid*

«Ich bin Hausfrau im Alter von 47 Jahren. Es war Pfingstmontag, zirka zehn Uhr abends. Ich ging mit dem Hund spazieren. Da sah ich am Himmel eine ganz klare Hand, silberrein, ganz fest geformt. Es war absolut kein Wolkengebilde. Das ist geradezu unmöglich.

Die Handfläche war nach unten, die Finger waren etwas gespreizt. Im Moment war ich ganz überrascht. Ich dachte, es sei etwas Überirdisches, das uns beschützen werde. Ich sah es ein paar Minuten und holte

schnell meinen Sohn, der es auch sah. Es war eine knochige feste Hand. Es ist etwas Unvergessliches.»
Frau Sutter

«Es war zirka zehn Uhr. Da rief mich Frau Müller, ich soll schauen, man sehe eine Hand am Himmel. Ich sah eine ganz klare weisse Hand. Es war keine Wolke. Der Himmel war überhaupt nicht bedeckt. Die Hand war sehr gross. Wir sagten: ‹Was ist das wohl für ein Zeichen?› Aber es brachte eine eigene Beruhigung. Mein Bub, der Hansi, sah es auch. Die Handfläche war nach unten. Ich bin Hausfrau und 1891 geboren.»
Frau Rohrer

«Ich bin 15 Jahre alt. Ich war beim Kasino. Da rief die Mutter, wir sollen schauen. Ich sah eine ganz klare Hand am Himmel. Ganz gross. Ich dachte, es sei eine schützende Hand. Die Handfläche war nach unten, die Finger etwas gespreizt. Es war ganz so, wie wenn man etwas beschützen will.»
Ruth Müller

«Am Pfingstmontag Abend zirka halb zehn Uhr sah ich mit verschiedenen Leuten auf dem Dorfplatz am Himmel eine ganz klare Hand. Die Handfläche war nach unten. Die Finger waren gespreizt. Eine ganz richtige, starke Hand war es.

Ich sagte, das ist gerade wie von einem grossen Mann die Hand. Man musste nicht studieren, was es sei. Es war etwas ganz Sonderbares. Richtung war gegen Fricktal. Wir hatten einen beruhigenden Eindruck. Ich bin Landwirt und 71 Jahre alt.»

Karl Baumann

«Ich war im Schloss oben. Plötzlich fiel mir am Himmel beim Mond eine Hand auf, ganz deutlich fünf Finger. Ich sah die festen Umrisse. Fantasie kommt nicht in Frage.

Ich kam ins Städtchen es sagen. Da sagte man mir, man habe es auch gesehen. Im ersten Moment dachte ich, was kann das bedeuten. Zuerst schaute ich, ob es nicht doch eine Wolke sei. Aber es war nicht. Ich sah es zirka 20 Minuten. Am Schluss streckten die Finger sich und verblichen. Ich bin 24 Jahre alt, von Beruf Coiffeur.» *Rudolf Richner*

«Am Pfingstmontag abends zirka zwischen 21.00 und 21.30 Uhr war ich bei meinen Eltern in Buckten im Homburgertal, von Waldenburg Luftlinie zirka acht km entfernt. Ich spazierte im Freien und sah plötzlich ein ganz ausserordentliches Naturereignis. Ich sah hinter einem Hügel her ein streifenartiges Gebilde wie fünf Finger.

Als ich weiterspazierte, traf ich nach zirka 1/2 Stunde eine mir bekannte Frau, die mich frug, ob ich die Hand am Himmel auch gesehen hätte. Ich sagte ihr, dass ich etwas Sonderbares gesehen hätte, wie Fin-

ger. Eine ganze Hand konnte ich wegen des Hügels nicht feststellen. Die Frau aber beteuerte, eine klar umrissene Hand gesehen zu haben. Ich bin Lehrer im Alter von 28 Jahren.» Jak. Schaub

Weitere Zeugnisse finden sich in der Schrift von P. Matthias Graf OSB: Bruder Klaus – wie er unsere Heimat rettete.

Der aus Ramsen/SH stammende berühmte Kirchenmaler Albin Schweri (1885-1946), Bern, hat in der Wallfahrtskirche von Melchtal auf der linken Seite des Hochaltars das Ereignis vom 13. Mai 1940 (Pfingstmontag), wo sich am Abend über dem Waldenburgertal eine Bruder Klaus zugeschriebene Hand gebildet hatte, in einem Gemälde festgehalten (siehe Farbbild auf Seite 108).

Der Schutz des Landes wurde bereits während des Ersten Weltkrieges (1914-1918) von Niklaus von Flüe erfleht. Davon zeugt ein Votivbild, das an der Rückwand der unteren Ranftkapelle zu sehen ist. Die umrahmende Inschrift lautet: «Im August 1914, als der Weltkrieg Tod und Verderben brachte, haben wir Dich um Deine Fürbitte bei Gott angerufen – Lob und Dank Dir, seliger Bruder Klaus. Unser Vaterland blieb wunderbar verschont.»

Dr. Robert Durrer
Albert Hinter, PINXIT 1921

Die Pfarrkirche von Sachseln, in welcher sich der Sarkophag des hl. Bruder Klaus befindet, ebenso wie sein Leibrock, bei dessen Berührung Ida Jeker und unzählige Pilger Heilung und Hilfe erfahren haben.
Die Kirche wurde zwischen 1100 und 1150 als dritte Kirche von Obwalden erbaut. Im Register des Bistums Konstanz von 1275 wird sie als ärmste Kirche der Urschweiz aufgeführt. Im angebauten Beinhaus sind die ursprüngliche und die von einem Basler Steinmetz gemeisselte Grabplatte vom Grab des Bruder Klaus erhalten. Der romanische Turm wurde im Frühbarockstil in die heutige Pfarrkirche integriert. 1684 wurde sie als Grabeskriche des Niklaus von Flüe geweiht.

In der Kirche zu Sachseln erzählt Ida Schwarb-Jeker in einem Vortrag vor Schülern, wie sie auf wunderbare Weise von unheilbarer Krankheit als Folge eines Unfalls und von Epilepsie durch den Heiligen vom Ranft geheilt wurde.

Wie Bruder Klaus mich wunderbar heilte

So wie die Sonne ihre Strahlen auf die Erde sendet, so sendet Gott die Heiligen zu uns – und einer dieser Heiligen ist unser grosser und heiliger Landesvater Bruder Klaus.

Mit diesen Worten leitet die geheilte Ida Jeker, die heute glücklich verheiratet in Pratteln lebt, ihren Vortrag vom 1. Mai 1987 in Sachseln ein. – Hören wir ihr zu:

Ich will euch jetzt erzählen, wie das damals vor sich ging, dieses grosse Wunder durch Bruder Klaus, das ich an mir erleben durfte.

Als ich zweieinhalb Jahre alt war, hat mich meine Schwester Erna, die zwei Jahre älter war als ich, an den Armen senkrecht nach oben gezogen. Bei diesem kindlichen Lapsus riss sie mir, wie wir vermuteten, das linke Oberarmgelenk auseinander.

Man schenkte dem Vorgefallenen damals nicht die nötige Beachtung, denn weil man arm war, ging man nicht gleich wegen jeder Lappalie zum Doktor. Meine Mutter liess sich von der Hebamme beraten und die verschrieb Wickel mit essigsaurer Tonerde, denn sie glaubte bloss an eine Verstauchung.

Wie manches Jahr meine Eltern mir diese Umschläge machten, wusste meine Mutter später nicht mehr so genau. Jahre später merkte ich dann, dass mit meinem Arm

Von oben nach unten: Ida, Erna und Emma Jeker. Unterste Reihe links mit Blatt in der Hand: Anton Borer, der Pfarrer wurde.

etwas nicht stimmen konnte, denn beim Turnen gelang es mir nicht, den linken Arm hoch zu nehmen. Bis auf Brusthöhe konnte ich ihn auch heben, weiter aber war unmöglich.

Für diese Behinderung aber hatte mein damaliger Lehrer Emil Ehrsam überhaupt kein Verständnis – im Gegenteil; oftmals kriegte ich von ihm deswegen Schläge, weil er dachte, ich sei zu faul dazu und würde bloss simulieren. Wir waren damals nicht so erzogen worden, wie man das heute allgemein kennt. Mit gebührender Ehrfurcht waren wir angehalten, unsere Eltern mit «Dir Muetter» und «Dir Vater» anzusprechen.

Sicher würde ich es heute nicht wollen, dass mich mein Sohn Niklaus so ansprechen müsste. Eines ist aber sicher: Wir hatten eine grosse Achtung unseren Eltern gegenüber.

Weil dem so war, getrauten wir uns nicht, zu Hause zu erzählen, was alles in der Schule vorgefallen war. Es galt die Devise: Wenn der Herr Pfarrer oder der Herr Lehrer in der Schule mit euch schimpft, so kriegt ihr zu Hause gleich nochmals Schelte. Diese Art von Ehrfurcht bringt es mit sich, so paradox das heute auch klingen mag, dass es mir niemals möglich sein würde, mit einem Geistlichen

Ausschnitt aus einer Schulfoto von 1928. Ida Jeker mit Haarmasche steht links in der zweitobersten Reihe. Auf diesem Foto sind auch die beiden Schwestern Erna und Emmeli und Anton Borer.

per Du zu sein – auch wenn wir uns noch so gut kennen würden!

Als ich zwölf Jahre alt war, kriegte ich dazu noch das «fallende Weh», so sagte man damals im Volksmund für Epilepsie. Ich konnte nur noch selten zur Schule gehen, denn ich fiel oftmals um und lag dann stundenlang bewusstlos.

Im Winter brachte man mich auf dem Schlitten zur Schule, im Sommer mit einem Wägelchen. Durchschnittlich kriegte ich solche Anfälle zwei bis dreimal pro Woche, und auch meistens, wenn ich ganz ruhig war. Rechnet man meine Schulabsenzen zusammen, so mag ich insgesamt nur etwa vier Jahre zur Schule gegangen sein, obschon ich doch sechs Jahre lang die Schule besuchte. Zurückgefallen war ich nie, denn immer wieder gelang es mir, lernmässig aufzuholen.

Im sechsten Schuljahr schrieb dann Lehrer Ernst Bruderer ins Zeugnisbüchlein: Wegen Krankheit dispensiert. Dies bedeutete für mich, nicht mehr bei meinen Schulkameraden sein zu können, und das war für mich seelisch eine grosse Belastung.

Gerne noch erinnere ich mich an Lehrer Bruderer und ich liess es mir auch nicht nehmen, ihn auf seinem letzten Gang zu begleiten.

Er war gegen mich stets zuvorkommend und verständnisvoll. Kriegte ich das Weh, so trug er mich auf seinen Armen in ein Zimmer oder auch zu «s Luis Saner Anna» hinüber und legte mich dort auf ein Bett. Erwachte ich dann aus meiner Bewusstlosigkeit, so lagen fast jedesmal einige Semmeln neben mir. Der Lehrer schickte jeweils einen Buben in die Dorfbäckerei und bezahlte aus dem eigenen Sack – nur um mir damit eine Freude zu bereiten. Und wirklich – meine kindliche Freude war jedesmal übergross – und noch heute bete ich für ihn, damit es ihm in der Ewigkeit gut gehen möge, denn das hat er verdient.

Wegen meines Armes ging man mit mir insgesamt zu neun Doktoren und Professoren. Der letzte Arzt, den ich hatte, war Dr. Eduard Kunz in Breitenbach. Von ihm erhielt ich stets eine Salbe zum Einreiben des invaliden Armes. Anstelle der erhofften Besserung verschlimmerte sich aber mein Zustand. Mein Arm wurde zum Ärmchen und immer schwächer. Am Oberarm begann sich eine offene Wunde zu bilden.

Erst sah diese aus, als hätte ich mich zuvor mit heissem Wasser verbrüht. Mit der Zeit wurde es so schlimm, dass ich den linken Arm in einer Schlinge tragen musste. Dr. Gustav Peyer aus Laufen, einer meiner Ärzte, sagte einst meiner Mutter etwas, doch zuvor musste ich den Raum verlassen. Wann immer auch ich meine Mutter danach fragte, so wich sie mir aus, und erst nach der Heilung beichtete sie mir, Dr. Peyer habe damals zu ihr gesagt: «Frau Jeker, fassen Sie sich, aber Ihre Tochter wird wohl kaum dreissig Jahre alt werden.»

Mutter sagte, es sei für sie sehr schlimm gewesen, als sie mit mir damals zu Fuss von Laufen nach Büsserach,

Franz von Streng, Bischof von Basel und Lugano. Vor ihm fiel Ida Jeker seinerzeit während der Firmung in Ohnmacht. Im bischöflichen Palais zu Solothurn wurde der kirchliche Prozess über das an Ida Jeker geschehene Wunder durchgeführt.

mehr als fünf Kilometer weit, heimgehen musste mit diesem Geheimnis, das ihr das Herz schwer machte.

Wie bereits erwähnt, wurde die Wunde immer schlimmer und tiefer. Sie weitete sich aus, eiterte und reichte sozusagen bis auf den Knochen.

Ich geniere mich nicht zu sagen, dass wir arme Leute waren. Meine Mutter arbeitete bis in alle Nacht hinein am grossen Webstuhl, der fast das ganze Zimmer ausfüllte. Vater betrieb eine Kleinbauerei mit zwei Kühen. So hatten wir zumindest eigene Milch im Haus. Die Krankenkasse verweigerte meine Aufnahme, weil ich angeblich schon als Kind krank war. Alle diese Arztrechnungen, die da zusammenkamen, waren für meine Eltern eine grosse Belastung. Eine einzelne Konsultation kostete damals, in den dreissiger Jahren, schon 50 Franken, ohne dass sie mir auch nur im geringsten geholfen hätte.

Mit meinen fünf Schwestern schlief ich im selben Zimmer. Die offene Wunde war übelriechend, ja sie stank buchstäblich. Um den Geruch erträglich zu halten, stellten wir im Winter, wenn die Fenster wegen der Kälte geschlossen blieben, eine Schale mit Essigwasser auf den Holzofen. Nein, damals kannte man den Luxus noch nicht, dass jedes Kind sein eigenes Zimmer erhielt.

Noch kurz vor der Wunderheilung sagte meine ältere Schwester zu mir: «Los Ida, Dir fuult dr Arm langsam aber sicher ab. (Höre Ida, Dir fault der Arm langsam aber sicher ab.)» Sicher hatte sie unüberlegt gesprochen und hatte auch nicht die geringste Ahnung, wie hart mich diese Worte trafen. Ich selber dachte für mich: «Das Ärmchen kann man mir jederzeit amputieren, aber das ‹fallende Weh› wird mir bleiben.»

Es kam die Firmung in Breitenbach. Da Büsserach eine relativ kleine Gemeinde war, wurden wir Büsseracher, zusammen mit den Breitenbachern in deren Kirche gefirmt. Bischof Franz von Streng erteilte das hl. Sakrament, und als er vor mir stand, sagte er: «Ist dieses Kind krank?» Das war der Moment, wo ich ohnmächtig wurde. Trotz diesem Vorkommnis firmte mich der Bischof doch noch.

Als ich später wieder zu mir kam, lag ich draussen auf einer Mauer. Der Arzt aus Laufen war gekommen und eröffnete mir, dass nun mein Blinddarm heraus müsse, denn das käme mit Bestimmtheit nur vom gereizten Blinddarm. Ich bestand jedoch darauf, nochmals nach Hause zur Mutter zu gehen, sie müsse das wissen und auch einverstanden sein.

Der Arzt fuhr mich nach Hause und untersuchte mich auf Drängen meiner Mutter nochmals. Dabei drückte er dermassen fest auf dem Bauch herum, bis ich dann endlich selber meinte, es tue mir dort weh. Noch am selben Firmtag kam ich nach Laufen in das damalige Feningerspital und wurde operiert.

Es ging aber gar nicht lange und ich hatte erneut einen epileptischen Anfall. Mutter wies beim Arzt auf die unnötige Blinddarmoperation hin. Dieser aber verteidigte seine Diagnose, der Blinddarm sei abnormal gross gewesen. Bevor ich zu Dr. Kunz in Breitenbach in Behandlung kam, wurde ich in Basel von Dr. Hans Karl Müller, Professor für Ophthalmologie in Basel, untersucht.

Dieser behauptete nun, die Ursache meines Übels seien die Zähne, und diese müssten gezogen werden. So kam ich zu Zahnarzt Othmar Cueni nach Laufen. Dieser eröffnete mir, er habe den Auftrag, mir alle Zähne zu ziehen.

Damals machte man allgemein noch keine Röntgenbilder von den Zahnwurzeln – heute ist das anders. In den Mund legte man mir eine Schiene, damit ich, falls ich einen Anfall kriegen würde, nicht zubeissen könnte. So zog er mir ohne Narkose neun Oberzähne. Später musste ich nochmals hin, und er zog mir den Rest der Oberzähne. Bereits nach dem zweiten, dritten Zahn war ich ohnmächtig geworden.

Ich war zu dieser Zeit ein junges Mädchen von 16-17 Jahren und hätte bestimmt auch gerne im Gesicht nett ausgesehen, aber nun kamen die unteren Zähne an die Reihe. Auf mein Flehen hin liess er mir wenigstens fünf vordere Zähne stehen. Meine Eltern hatten das Geld nicht, mir eine Prothese machen zu lassen, und so musste ich mich als Jungmädchen jahrelang in der Öffentlichkeit ohne Zähne sehen lassen, was mich sehr genierte.

Wie es sich herausstellte, war von all den gezogenen Zähnen kein einziger angesteckt.

Durch mangelnde Bewegung versteifte sich nach und nach mein linker Arm und ich konnte ihn zu nichts mehr gebrauchen. Was mir noch gelang, war zum Beispiel das Ausbetten am Morgen. Um das Unterbett hervorzuziehen, musste ich den Kopf zu Hilfe nehmen. War diese Arbeit getan, so war ich für den ganzen Tag fix und fertig. Zuletzt musste man mich waschen, kämmen und mir die Kleider anziehen. Die immensen Schmerzen im Arm drückten auf mein Allgemeinbefinden, und ich wurde zusehends schwächer. Ich war nun so schwer krank geworden, dass ich den Arzt nicht mehr selber aufsuchen konnte. Der Arzt musste zu mir ins Haus nach Büsserach kommen.

Eines Tages sagte die Mutter zu mir: «Kind, neun Professoren und Doktoren haben dir nun lange genug bewiesen, dass es keine Chance mehr auf Heilung gibt, aber ich kenne jemanden, der war auch Familienvater, und der wird wissen, was es heisst, ein krankes Kind zu haben – ich meine Bruder Klaus von Sachseln.»

Ich hatte keine grosse Ahnung von Bruder Klaus und wusste auch nicht, wo auf der Landkarte Sachseln zu finden ist.

Anderseits riet mir meine Base Marie Studer-Jeker, ich solle doch eine neuntägige Novene zu Bischof Anastasius Hartmann machen. Ich wollte nicht gleichzeitig zwei Selige verehren, sondern nur den einen, den aber aus vollem Herzen. Zum Glück wandte ich mich an Bruder Klaus, denn hätte ich mich an beide gewandt, hätte ich ja nicht gewusst, dass ich Bruder Klaus die Heilung verdanke.

Eines Tages erzählte mir Marie Saner aus dem Eisenwarengeschäft, die Marianische Kongregation würde eine Wallfahrt nach Sachseln und dem Ranft unternehmen. Darüber sagten mir meine Schwestern aber nichts, denn sie dachten, dass ich in meinem Zustand sowieso nicht mitkommen könne. Als dann der Doktor anderntags kam, sagte ich zu ihm: «Herr Doktor, ich will nach Sachseln zu Bruder Klaus.» Er schaute mich gross an, sagte kein Wort, untersuchte mich und ging.

Zwei Tage später kam er wieder und erneut fragte ich ihn: «Aber gälled Herr Dokter, ig dörf doch uf Sachsle?»

Er stimmte nicht auf Anhieb zu, sondern meinte, ich müsse vorerst versuchen aufzustehen und dann solle ich in Begleitung meiner Schwester nach Breitenbach in die Praxis kommen.

Schon am darauffolgenden Tag war es soweit. Meine Schwester wusch und kämmte mich und dann nahmen wir das Postauto nach dem Bezirkshauptort Breitenbach. Kaum sah ich Doktor Kunz, bat ich ihn wiederum: «Gälled Herr Dokter, Dir löht mi uf Sachsle lo goh?»

Er wollte wissen, wieso ich eigentlich so versessen darauf sei, nach Sachseln gehen zu dürfen? Überzeugt antwortete ich ihm, dass, wenn ich nach Sachseln gehen dürfe, ich mit Bestimmtheit gesund und geheilt wieder nach Hause kommen würde!

Heute weiss ich nicht mehr genau, ob mein Gottvertrauen ein kindliches oder ein wirklich inneres, mächtiges war? Der Arzt befahl mir, den linken Arm an der

Wand hochzuziehen, dabei führte er mich am Ellbogen. Als er losliess fiel mein Arm herunter. Darauf meinte der Arzt, er könne es fast gar nicht verantworten, mich so nach Sachseln gehen zu lassen. Aber wiederum entgegnete ich: «Aber ich weiss doch, dass ich gesund heimkehre.» Und nun meinte er: «Wenn du ein so grosses Gottvertrauen hast, darf ich als Arzt nicht nein sagen, aber ich muss, falls dir etwas passiert, jede Verantwortung ablehnen.» Er gab mir eine neue Armschlinge und entliess mich mit den besten Wünschen.

Zu Hause waren dann meine Schwestern nicht gerade begeistert, dachten sie doch, ich könnte ihnen womöglich das Reiseerlebnis verderben.

Auch Mutter war davon gar nicht angetan, dass ich unbedingt mit der Marianischen Kongregation nach Sachseln gehen wollte, denn wenn ich das «fallende Weh» bekäme, so würde ich bestimmt den andern dadurch die Reise vermasseln. Aber ich wollte einfach mitgehen.

Und so kam dann jener 26. Juni 1937, wo ich mit dem Autocarunternehmer August Saner aus Büsserach nach Sachseln fahren konnte.

Am Morgen, schon vor fünf Uhr, stand meine Schwester Erna, die mir damals den Arm ausgerenkt hatte, neben meinem Bett und sagte: «Komm Ida, gib her, ich will dir den Arm neu einbinden, dich waschen und kämmen und dir beim Ankleiden behilflich sein.»

Zum Glück kamen tags zuvor noch einige Leute aus dem Dorf bei uns vorbei. Obschon eigentlich niemand an ein Wunder glaubte, wollten alle doch noch einmal meine Wunde sehen.

Alle diese Leute wurden dann später vom geistlichen Gericht zum Geschehen befragt. Nachdem mich meine Schwester angekleidet hatte, verliessen wir das Haus. Weil ich meine Eltern am Fenster sah, kehrte ich nochmals kurz zurück. Ich rief ihnen zu: «Adje Muetter, adje Vatter – z Obe chumm i gsung hei.» Mutter verschlug es jedwede Antwort – und später sagte sie zu mir, sie habe damals zum Vater gesagt: «Entweder kommt sie gesund zurück oder man bringt sie tot nach Hause.»

Wir liefen ins Dorf, wo schon fast alle Mitreisenden besammelt waren. Auf den Rat des Chauffeurs August Saner hin setzte ich mich auf den vorderen Sitz. Als wir dann schon eine Weile fuhren, waren meine Schmerzen kaum mehr auszuhalten. Ich sagte, dass doch jemand etwas weich Gepolstertes organisieren solle, damit mein Arm unterlegt werden könne. Und so hielten wir vor einem der Häuser, an welchen wir vorbeifuhren, und jemand kriegte tatsächlich eine Wolldecke. So gepolstert war dann die Reise einigermassen erträglich. Man muss nämlich wissen, dass in den dreissiger Jahren die meisten Strassen noch nicht geteert waren und teilweise noch tiefe Schlaglöcher aufwiesen.

Mit argen Schmerzen im Arm erreichte ich Sachseln. Später, in der Kirche, gingen mir ununterbrochen die Worte meiner Mutter durch den Kopf, sagte sie doch: «Glaub mir Ida, wenn du in Sachseln die Möglichkeit

erhältst, das Kleid von Bruder Klaus zu berühren, so berühre es mit dem kranken Arm.» Und so konnte ich es kaum erwarten, bis es soweit war. Zuerst gingen wir alle zur heiligen Kommunion.

Auch ich stand bereits vorne und wollte den Leib Christi in Brotsgestalt empfangen. Plötzlich stand meine Schwester Marie neben mir und sagte: «Ida, du darfst doch nicht zur Kommunion, du hast doch erst vor zwei Stunden gefrühstückt – du bist ja noch keine drei Stunden nüchtern.» Das war damals noch unumstössliche Pflicht – vor dem Empfang der heiligen Kommunion durfte man mindestens drei Stunden nichts mehr gegessen haben.

In der Wallfahrtskirche von Sachseln hängt der hinter Glas geschützte Leibrock des Eremiten, bei dessen Berührung Ida Jeker spontan geheilt wurde.
In einer rechten Seitenkapelle der Jesuitenkirche in Luzern steht eine Bruder-Klaus-Statue, angekleidet mit dem ersten Leibrock des Eremiten, der aber nicht berührt werden kann, weil die Statue hinter Glas verschlossen ist. Der ehemalige Bruder-Klausen-Kaplan Othmar Zumbühl weiss zu berichten, dass Bruder Klaus eine befreundete Familie in Luzern besuchte. Offenbar war sein Leibrock schon ziemlich havariert; die Frau des Hauses nähte ihm jedenfalls einen neuen Leibrock und behielt den alten zurück, der später in die Jesuitenkirche gelangte.

Von den Loggien der vorderen Kuppelpfeiler der Peterskirche in Rom hing während der Heiligsprechung dieser Bildteppich. Er zeigt die Szene, wo Ida Jeker das Gewand des Eremiten, das Bruder-Klausen-Kaplan Werner Durrer ihr hinhält, berührt.

Wehmütig kehrte ich in die Kirchenbank zurück und dachte, ob ich jetzt wohl noch geheilt würde? Ich erinnerte mich der Worte meiner Mutter und die trösteten mich, nämlich zu versuchen, das Kleid des Einsiedlers zu berühren. Der Gottesdienst war zu Ende, und draussen sagte uns der Herr Pfarrer, dass wir nun hinüber ins Restaurant Schlüssel gehen werden, um zu frühstücken.

Am Frühstückstisch teilte mir Julia Merckx die Semmel entzwei und strich für mich Butter und Konfitüre darauf, da ich dazu selber nicht in der Lage war. Mit der rechten Hand konnte ich mühelos essen und die Tasse zum Mund führen.

Nach dem Morgenessen eröffnete uns unser Pfarrer, dass wir jetzt erneut in die Kirche gingen und Gelegenheit bekämen, das Kleid von Bruder Klaus zu berühren.

Da wir insgesamt 34 Personen waren, dachte ich insgeheim, mich vorzudrängeln, denn ich konnte es kaum erwarten, das Kleid zu berühren. So gelang es mir dann, mich als fünfte in die Reihe der Wartenden einzugliedern.

Ich tat, wie Mutter mir geraten. Mit der gesunden Hand stützte ich den kranken linken Arm und führte ihn hin zum Gewand meiner Hoffnung. Wie ich nun den Rock des Bruder Klaus berührte, fuhr es wie ein elektrischer Schlag durch meinen ganzen Körper. Es durchzuckte mich in Händen und Füssen und im Kopf zugleich, und es war schon fast ein Wunder, dass ich nicht laut aufschrie.

Niemand in der Nähe schien äusserlich an mir etwas bemerkt zu haben, nur die Henriette Borer, die gleich

neben mir stand, sagte: «Ida, was ist mit dir? – Du hast ja alle Farben im Gesicht. – Ists dir schlecht?» Ich schüttelte nur den Kopf, blieb stumm und behielt das eben Erlebte für mich. Hatte ich zuvor immer gesagt, dass ich gesund heimkehren werde, so hatte ich nicht die geringste Ahnung, wie schön das eigentlich ist, gesund zu sein.

Wir verliessen die Kirche, und der Herr Pfarrer sagte, dass wir jetzt ins Flüeli gingen und von dort in den Ranft hinuntersteigen würden. Beim Flüeli kam der Herr Pfarrer zu mir und teilte mir mit, dass ich nicht bis zum Ranft mitkommen könne, denn er wolle mir den für mich beschwerlichen Weg dorthin ersparen. Ich solle derweil auf einem schattigen Bänklein warten, bis sie zurückkämen. Allein gelassen sass ich dort, und das in der Kirche Erlebte beschäftigte mich.

Erst jetzt dachte ich an meine blauen, steifen Finger an der linken Hand und fragte mich, ob sich wohl Gefühl

In der Kapelle des Frauenklosters St. Andreas in Sarnen befindet sich das sogenannte Sarner Jesuskind. Es ist eine holzgeschnitzte Jesuskind-Figur aus dem 14. Jahrhundert, die seither immer stark verehrt wurde. Nach Dokumenten ist das fürstliche Kleid ein Geschenk der Königin Agnes von Ungarn (1318). Sie war die Tochter des 1308 bei Windisch/AG von seinem Neffen ermordeten habsburgischen Königs Albrecht.

darin feststellen liesse? Erstaunt merkte ich, dass eigentlich die altgewohnten Schmerzen verschwunden waren.

Wie ich nun so da sass und probierte, die Finger zu bewegen, spürte ich Kraft in der Hand und erlebte, wie sich meine Finger beliebig bewegen liessen. Noch immer trug ich den Arm in der Schlinge.

Mutig und neugierig geworden, versuchte ich, den Arm zu heben – und zu meinem allergrössten Erstaunen gelang mir das auf Anhieb.

Nach ungefähr einer Stunde kamen die anderen aus dem Ranft zurück. Alle schwelgten in ihrem jugendlichen Glück und erzählten ihre Eindrücke, doch niemand fragte mich wegen meines Armes. Und so schwieg ich.

Wir stiegen in den Car und fuhren zurück. Als wir zur Kirche in Sachseln kamen, bat ich den Herrn Pfarrer, doch noch einmal kurz anzuhalten, weil ich nochmals in die Kirche gehen wollte. Hätte ich jetzt gesagt, was mir passiert war, hätte er sicher anhalten lassen, so aber sagte er: «Ida, unsere Zeit ist zu kurz bemessen. Wir können nicht noch einmal aussteigen, aber wir gehen nach Sarnen und besuchen dort das Sarner Jesuskind.»

Als wir nun nach Sarnen fuhren, betete ich weder ein «Vater unser» noch ein «Gegrüsst seist du Maria.» Dauernd hielt ich stumme Zwiesprache und fragte: «Bruder Klaus, was ist das gewesen?» Als wir später in Sarnen wieder ins Auto stiegen, fühlte ich erneut so etwas wie einen inneren Stromstoss.

Spontan nahm ich die hinderliche Schlinge weg und hob den linken Arm hoch. Das war etwas, was ich seit Jahren nicht mehr hatte tun können. Mit den steifen Fingern hatte ich nicht einmal mehr einen Kaffeelöffel halten können. Sofort erregte ich Aufmerksamkeit und plötzlich hiess es: «Herr Pfarrer, Ida kann den steifen Arm wieder bewegen.»

Pater Raphael Hasler verschlug es zuerst die Stimme. Dann begann er zu singen: «Grosser Gott, wir loben dich.» Kaum eine Strophe konnten wir zu Ende singen, denn alle hatten Freudentränen. Es überwältigte alle im Bus.

Wir erreichten Luzern, wo der Herr Pfarrer die andern zum «z Obe näh» (Imbiss) in ein Restaurant einlud. Währenddessen ging er mit mir und meinen Schwestern in die Hofkirche um ein Dankgebet zu sprechen.

Als wir wieder draussen waren, bat ich Pater Raphael, nach Hause telefonieren zu dürfen, um meinen Eltern die freudige Botschaft meiner spontanen Heilung mitteilen zu können. Doch Pater Raphael war gar nicht einverstanden und sagte: «Eine solche wichtige Freudennachricht soll man nicht über den Draht erzählen. Diese grosse Neuigkeit bringen wir persönlich nach Hause.»

Eigentlich aber glaube ich heute noch, dass es für meine Eltern besser gewesen wäre, wenn sie auf unser Heimkommen vorbereitet gewesen wären.

Hätte man mich tot heimgebracht, sie wären wohl kaum mehr erschrocken.

Von Luzern bis zur Passwanghöhe hiess man mich immer wieder die Arme hochhalten. Ununterbrochen wurde nach Beweisen verlangt, und es tönte: «Ida probiers noch einmal, ob es auch wirklich noch funktioniert?» Absolut ohne Schmerzen konnte ich beide Arme beliebig hoch halten. Welch grosse Freude für mich.

Nun kamen wir nach Büsserach. Der Herr Pfarrer schlug uns vor, er wolle vorausgehen, um es unseren Eltern persönlich mitzuteilen. Dieser Vorschlag gefiel jedoch meinen Schwestern nicht. «Herr Pfarrer», sagten sie, «wenn unsere Mutter Sie alleine kommen sieht, wird ihr der Schreck in die Glieder fahren, denn sie wird denken, dass Ihr die traurige Nachricht vom Tode Idas überbringen werdet.» Leider machte ich nun einen Fehler, indem ich meinen Schwestern davon sprang und als erste zu Hause war. Mutter stand gerade auf der Haustreppe, als ich kam. Beide Arme hielt ich hoch und rief ihr zu: «Mutter, ich bin gesund, Bruder Klaus hat mich geheilt!»

Nie werde ich die Worte vergessen, die meine Mutter sozusagen herausschrie: «Gott sei Dank!» Ihre Augen glänzten vor Freude und vor Tränen.

Sie schloss mich in ihre Arme und hiess mich alsogleich die freudige Nachricht dem Vater, der im Kuhstall war, zu bringen. Ich trat vor den Vater und sagte: «Vater, seht, ich bin geheilt – ich kann jetzt beide Arme hochhalten.»

Doch Vater war nicht so leichtgläubig. Er sagte nur kurz: «Komm mit mir in die Stube.» Dort drückte er mir einen Stuhl in die Hand und bat mich, diesen mit dem geheilten Arm hoch zu stemmen. Erstaunt und zugleich besorgt ergriff ich den Stuhl und stemmte ihn mühelos mit der linken Hand in die Höhe. Das wiederholte ich gleich fünfmal hintereinander.

An jenem Abend erhielten wir viel Besuch, denn die mitgereisten Mädchen erzählten natürlich den Vorfall zu Hause. Und dann ging es wie ein Lauffeuer durch das ganze Dorf. So sah mich zum Beispiel der Zimmermann Sepp, wie ich das erstemal in meinem Leben selber Brot abschneiden konnte.

Am selben Abend kam auch August Saner, der Autocarbesitzer und Chauffeur. Er bat mich, doch schnell einen Brief zu schreiben und darin die vorgefallene Heilung zu beschreiben, da er nämlich am nächsten Morgen wieder nach Sachseln fahre und den Brief mitnehmen wolle. So ging ich also an diesem Samstagabend auf unser Zimmer und schrieb den verlangten Brief, der vier Seiten lang wurde.

Später bedauerte ich, diesen Brief nicht mit schöner Schrift geschrieben zu haben, denn ich wusste damals noch nicht, dass dieser Brief nach Rom, zum Heiligen Vater gelangen würde.

Es wurde spät an jenem Abend, und der Uhrzeiger stand schon bei ein Uhr, als ich endlich zu Bett gehen wollte. Vater fragte mich zuvor: «Ida, wie mag wohl deine Wunde aussehen?» Ich antwortete ihm: «Vater, ich bin so müde, dass ich gleich mitsamt den Kleidern ins Bett gehen möchte. Wir können doch am Morgen nachschauen. Die Hauptsache ist doch, dass ich keine Schmerzen mehr habe.»

Wir gingen alle schlafen. Es wurde eine kurze Nacht, denn bereits morgens in aller Frühe umstanden Eltern und Geschwister mein Bett, um das Geheimnis meiner Wunde zu erfahren.

Ich hielt beide Arme hoch, und wie ich sie wieder senkte, rutschte der Wundverband von ganz alleine zur Hand hinunter. Welch ein Wunder! Die tiefe und stinkige Wunde am Oberarm war verschwunden – einfach weg – vollständig verheilt! Man sah weder eine Narbe noch eine Rotverfärbung der ursprünglichen Wunde. Einzig ein feiner Strich, ähnlich einem Bleistiftstrich, umrundete die einstige Wunde. Bereits am Abend war dann auch dieser feine Strich verschwunden.

An diesem Sonntagmorgen riet mir die Mutter ab, zur Kirche zu gehen, weil sie einen Rückfall in das «fallende Weh» befürchtete. Tatsächlich ging ich früher deswegen nur noch selten zum Gottesdienst. Aber jetzt sagte ich zur Mutter: «Nein Mutter, ich gehe ins Hochamt (Hauptgottesdienst).»

In der Predigt sagte der Herr Pfarrer unter anderem, es habe sich in der Zwischenzeit überall herumgesprochen, was gestern in Sachseln passiert sei – er selbst wolle dazu nicht Stellung nehmen, sondern abwarten, was die kirchliche Behörde dazu sage.

Am Nachmittag ging ich dann zur Christenlehre (christliche Belehrung für Schüler). Damals besuchte man diesen Unterricht noch gerne. Da waren nicht nur junge Leute, nein, auch ältere Frauen (bis 80 Jahre alt) erbauten sich daran. Als ich dann auch noch in den Abendgottesdienst ging, meinte Mutter, dass ich jetzt eindeutig übertreibe. Ich aber machte ihr klar, dass meine epilep-

Die an einem Samstag geheilte Ida spaltete bereits am darauffolgenden Montag Holz.
Am Nachmittag stellte sie allein eine Holzleiter mit 18 Sprossen auf und pflückte Kirschen.

In der Zeit nach ihrer Heilung bis zur Heiligsprechung von Bruder Klaus erhielt Ida Jeker viel Post aus dem Vatikan.

tischen Anfälle ein für allemal vorüber sind. Ich fühlte es einfach in mir – von der Zehe bis zum Kopf.

In allen schriftlichen Aufzeichnungen hat sich übrigens ein Fehler eingeschlichen, heisst es doch: «Schon am andern Tag spaltete sie Holz.» Nein, das stimmt nicht, denn der andere Tag war ein Sonntag. Am Montag jedoch anerbot ich mich zum Holzspalten. Vater war dagegen. Ich beharrte darauf und verwarf seine Bedenken, das sei für mich zuviel verlangt, denn hinter dem Haus lag eine Menge Holz, das verarbeitet werden musste. So spaltete ich den ganzen Vormittag Holz. Am Nachmittag trug ich eine 18-sprossige Leiter zu einem Kirschbaum. Es war Juni und der Beginn der Kirschenernte. Ganz allein stellte ich die Leiter auf. Ich stieg bis zu oberst und pflückte bis zum Abend saftig-süsse Kirschen.

Ich musste zum Arzt. Er sah mir nur in die Augen und sagte: «Ida, ich kann dich nur ansehen und weiss, dass du gesund bist, aber das kann ich dir sagen, du bist nicht die erste, die mir von dieser Heilung berichtet, denn ich erhielt bereits einige Telefonanrufe deswegen.»

Es kamen dann viele Briefe zu uns ins Haus. Einer der ersten traf aus Rom, aus dem Vatikan, ein.

Insgesamt 65 Fragen wurden mir gestellt. 65 Fragen, die ich ohne jede Mithilfe Dritter beantworten sollte. Es wurde mir strikte untersagt, dass mir jemand bei der Beantwortung behilflich sein dürfe.

So musste ich mich also der gestellten Fragen annehmen und sie so beantworten, wie ich es für richtig hielt. Man bedenke, dass ich ja nur eine unvollständige Schulbildung besass. In verschiedenen Fragenverknüpfungen wurde ich in der Folge fünf Jahre lang immer wieder darauf angesprochen, so lange dauerte die Untersuchung.

Ich musste ins Klaraspital nach Basel zum Turnen. Man wollte feststellen, ob ich beim Turnen mit dem linken Arm schneller müde würde als mit dem Rechten. Immer wieder erhielt ich Briefe, die darauf abzielten, mich einer Lüge überführen zu können. Es hiess dann, ich solle mich vorbereiten, ich müsse vor das geistliche Gericht, das im Bischofssitz in Solothurn tagen werde.

Nicht im Geringsten hatte ich eine Ahnung, was unter einem geistlichen Gericht zu verstehen sei – nein, im Gegenteil – ich war sogar stolz darauf und hatte eine Freude, dass man mich vor solch ein geistliches Tribunal vorlud. Als ich dann den Raum betrat, sassen bereits 17 geistliche Herren da und ich erschrak.

Um neun Uhr begann das Verhör. In der Mitte sass einer, der als «Advocatus diaboli», als des Teufels Advokat gegen mich agieren musste. Aber das wusste und kannte ich damals noch nicht. Immer wenn ich etwas erzählte und Tatsachen berichtete, so widersprach er mir und behauptete das Gegenteil. Sagte ich zum Beispiel, das Wunder sei am 26. Juni geschehen, so meinte er: «Aber uns haben Sie geschrieben, dass es der 25. Juni war.» Erklärte ich, dass die Schwester Erna mir den Arm verbinden musste, widersprach er: «Hier haben wir es schwarz auf weiss, es war die Schwester Olga.»

Nach eineinhalb Stunden rissen mir die Nerven, und ich sagte dem versammelten Gremium: «Wenn doch dieser Herr dort alles besser weiss als ich, so soll doch er alles erzählen und nicht ich.» Darauf mussten die andern im Raum alle lachen, und ich fühlte mich in meiner Meinung bestärkt, dachte ich doch, die anderen Herren ärgerten sich ebenso über diesen Besserwisser.

Nach drei Stunden Verhör brachte man mir die Bibel mit einem Kreuz darauf. Eine Statue des Bruder Klaus stand daneben. Zwei Kerzen wurden angezündet, und man bat mich, darauf zu schwören, dass ich vor Gott dem Allmächtigen die volle Wahrheit gesprochen habe. Daraufhin habe ich den Eid geleistet.

Es wurde Mittag, und ich war froh, dass die anderen Hunger gekriegt hatten, und ich nach Hause gehen durfte.

Am Nachmittag wurde Dr. Eduard Kunz aus Breitenbach als erster Zeuge einvernommen. Dann kamen Mutter, Vater und die anderen Geschwister an die Reihe. Die andern, nichtverwandten Hauptzeugen mussten sogar in Solothurn übernachten, denn die Zeit reichte nicht mehr für ihre Befragung.

Dieses geistliche Gericht belastete mich schwer. Hätte ich schon vorher gewusst, was alles auf mich zukommen würde, hätte ich bestimmt Todesängste ausgestanden.

Nachzuholen ist: Bevor ich nach Solothurn musste, kam Monsignore Paul Krieg zu mir. Er war Kaplan der Schweizergarde in Rom. Mit ihm kamen auch ein Arzt aus Rom, Viktor Schwaller aus Freiburg und Bruder-Klausen-Kaplan Werner Durrer. Letzteren betrachtete ich schon zu seinen Lebzeiten als einen Heiligen.

Der Doktor aus Rom, der kein Wort Deutsch sprach, musste mich untersuchen. Er gestikulierte immer mit der Hand, und ich glaubte, er wolle wissen, ob ich Kraft im geheilten Arm habe. Ich drückte ihn mit der linken Hand rückwärts zur Wand, worauf er abwehrte und das Zimmer verliess. Draussen sagte er zu den andern, er wisse nun genug, es sei in Ordnung.

Bald darauf erhielt ich Nachricht, dass ich zur Heiligsprechung von Bruder Klaus nach Rom eingeladen sei. In Windeseile sprach sich das im Dorf herum.

In Büsserach wurde die Fabrikation von Spielwaren aufgenommen. Zur Hauptsache stellte man Puppen her.

Ich eröffnete meinen Eltern, dass ich nun auch in die Fabrik gehen wolle und in Zukunft meinen Lebensunterhalt selber verdienen möchte. Ich hätte nun schon lange genug ausschliesslich nur zu Hause mithelfen müssen. In der Folge arbeitete ich dann neun Monate dort. Ich verrichtete meine Arbeit gut und schon nach drei Wochen wurde ich zur Vorarbeiterin befördert.

Nun geschah etwas Entsetzliches. Als ich am Aschermittwoch Morgen frohgelaunt zur Arbeit ging, wurde ich überfallen. Hinter dem Transformatorenhäuschen, unweit der Fabrik, wo ich arbeitete, passte mir ein Mann ab. Mit einer Fasnachtslarve maskiert überfiel er mich und schlug mich brutal zusammen. Als Erstes verpasste er mir einen Schlag ins Genick. Hierauf trat er mir in die Knie. Während ich versuchte, mich am Gartenzaun festzuhalten, gab er mir einen kräftigen Tritt in den Unterleib, dabei zerriss mein Bauchfell auf eine Länge von etwa zehn Zentimetern. Zusätzlich hatte ich am Kopf Prellungen und 17 Beulen.

Obwohl die Polizei den Fall intensiv untersuchte, wurde der Täter nie eruiert. In diesem Zustand konnte ich unmöglich eine so lange Reise antreten und wir berichteten dann via Sachseln nach Rom, dass ich leider und schweren Herzens nicht nach Rom kommen könne. Aus Rom schrieb man mir zurück, dass ich mich beruhigen solle. Man wolle für mich beten, dass ich gesund werde und doch noch kommen könne – mir sei der Teufel in Menschengestalt begegnet.

Es ging mir auch tatsächlich bald besser. Im Spital machte man noch ein Röntgenbild von meiner Bauchpartie. Angeblich war aber nichts Besonderes darauf festzustellen, da alles noch blutunterlaufen war.

So ging ich also nach Rom, ohne zu wissen, dass mein Bauchfell eingerissen war. Erst ein volles Jahr später, als dieser Riss zu Verklemmungen führte, wurde die Verletzung erkannt und ich wurde operiert.

Vater, Mutter, die Schwester Alma und Pater Pirmin Trösch OSB vom Kloster Mariastein waren auch nach Rom eingeladen. Sehr gerne wäre auch unser Dorfpfarrer Pater Gregor Roth OSB mitgekommen, aber leider erhielt er keine Einladung. Vor dem Weggehen segnete er uns und wünschte eine gute Reise. In der Ewigen Stadt waren wir im Hotel *Via Nationale* untergebracht.

Die miterlebte Heiligsprechung im Petersdom war ein gewaltiges Erlebnis, das man nicht in Worte kleiden kann – so etwas muss man selbst erlebt haben.

Ich war glücklich, dass meine Eltern und ich von Papst Pius XII. in Privataudienz empfangen wurden. Für solche Audienzen gab es strenge Kleidervorschriften. Das schwarze Kleid musste hochgeschlossen sein und auch lange Ärmel haben. Schwarze Schuhe, graue Strümpfe und ein schwarzer Schleier waren ebenso Vorschrift.

Kaplan Durrer stellte mich dem Heiligen Vater vor mit den Worten: «Das ist die geheilte Ida Jeker aus Büsser-

Die Wunderheilungen an Ida Jeker und Bertha Schürmann waren eine wesentliche Voraussetzung für die Heiligsprechung des seligen Bruder Klaus durch Papst Pius XII. am 15. Mai 1947.

Erinnerungsgeschenke, die Ida Jeker aus Sachseln und dem Vatikan erhielt: Eine Reliquie des hl. Bruder Klaus und eine Medaille von Papst Pius XII.

Die grosse Glocke von Büsserach

Ausschnitt von der grossen Glocke, die dem heiligen Bruder Klaus geweiht ist. Sie erklingt im Ton Cis und ist 2250 kg schwer. Gegossen wurde sie 1963 in der Giesserei E. Eschmann in Rickenbach bei Wil/SG. Sie trägt die Inschrift:

Am 26.6.1937 wird Ida Jeker von Büsserach in Sachseln wunderbar geheilt. Die dankbare Gemeinde ihrem Fürbitter und Helfer.

ach.» Mit seinem bezaubernden Lächeln sagte Papst Pius XII.: «Das freut mich sehr.» Als Andenken schenkte mir der Papst ein Medaillon. Und schon kamen andere Besucher an die Reihe.

Bald darauf vernahm ich auch, dass während der Heiligsprechung von Bruder Klaus in Klagenfurt die Österreicherin Anna Melchior durch die Fürbitte von Bruder Klaus wunderbar von schwerster Krankheit geheilt wurde.

In der darauffolgenden Zeit war mir das Schicksal nicht besonders gut gestimmt. Ich erhielt mehrere Briefe mit Aufforderungen hierhin oder dorthin zu kommen. Sie hätten zum Beispiel ein krankes Kind. Man würde mich mit dem Auto erwarten und heimbringen. Jedesmal ging ich mit solch einem Brief zum Herrn Pfarrer – und jedesmal sagte er mir: «Ida, geh nicht hin, man will dich verschleppen. Man kann dich in Sachseln erwarten oder hier in Büsserach vorbeikommen.

Einmal erhielt ich einen Brief aus Österreich, worin man mir mitteilte, dass in Österreich eine Bruder-Klausen-Kirche gebaut worden sei, die nun eingeweiht werden sollte, und ich dürfe dabei nicht fehlen. Drei barmherzige Schwestern würden mich am Bahnhof abholen und begleiten. Für die Kosten der Rückreise müsste ich dann selber aufkommen.

Pater Gregor, den ich um Rat bat, erkundigte sich – und siehe da; es war gar keine solche Kirche gebaut worden. Der Herr Pfarrer meinte, da sei etwas faul, dahinter würden gewiss kommunistische Atheisten stehen – ginge ich hin, so würde ich wohl niemals wieder nach Hause kommen. Ja, es war gar nicht einfach, als «Wunderkind» im Rampenlicht zu stehen.

Die Gemeinde Büsserach dachte sich zwei schöne Andenken an dieses Ereignis aus. Auf die Initiative von Pater Gregor wurde beim Goldschmiedekünstler Meinrad Burch, Zürich, ein schöner Kelch mit zum Wunder passenden Emaillebildern in Auftrag gegeben.

Die farbigen Bilder zeigen: die alte, nun abgebrochene, Dorfkirche; den Autocar von August Saner mit den Wallfahrtspilgern; wie Ida Jeker das Gewand des Eremiten berührt und Papst Pius XII. mit den Kardinälen.

Pfarrer Johann Goetschy, der Nachfolgepfarrer, hatte dann im Zusammenhang mit der neuen Kirche auch für eine neue, grosse Glocke plädiert.

Auf dieser dem Bruder Klaus geweihten Glocke steht in Reliefbuchstaben geschrieben:

«Am 26.6.1937 wird Ida Jeker von Büsserach
in Sachseln wunderbar geheilt.
Die dankbare Gemeinde
ihrem Fürbitter und Helfer.»

Ida Jeker liess die neue, grosse Glocke von Büsserach, die Bruder Klaus geweiht ist und eine Inschrift über ihre Wunderheilung trägt, anlässlich der Einweihung erstmals ertönen.
Pater Basilius Niederberger OSB, der Abt von Mariastein, hatte dazu einen goldenen Hammer mitgebracht. Dreimal musste sie mit dem Hammer an die Glocke schlagen und dabei an die drei höchsten Namen, an die drei Göttlichen Personen denken, an Gott Vater, an Gott Sohn und an Gott den Heiligen Geist.

Mit grosser Lebensfreude steht Ida Jeker im Alter von 42 Jahren zusammen mit Alois Schwarb aus Eiken 1960 vor dem Traualtar.

Mit 42 Jahren heiratete ich. Hätte ich nicht einen lieben, braven Mann gefunden, so hätte ich diesen Schritt nie gewagt. Ich schrieb damals meinem zukünftigen Gatten: «Rein wie das Edelweiss will ich vor dem Traualtar erscheinen.»

Nach anderhalb Jahren wurde uns ein Knabe geboren, den wir im Andenken an Bruder Klaus Niklaus tauften. Er ist ein braver, vor Gesundheit strotzender junger Mann. Mein alter Traum, einem halben Dutzend Kindern

Im Jahre 1997, 60 Jahre nach ihrer Heilung, betete Ida Schwarb-Jeker (links im Bild) wieder an dem Ort, wo sie geheilt worden war: in der Wallfahrtskirche am Grabe des heiligen Bruder Klaus. Die silbergetriebene Figur von Niklaus von Flüe ist eine Arbeit des Obwaldner Goldschmiedes Meinrad Burch.

Auf Wunsch eines deutschen Pilgers hielt Ida seinerzeit diese Erinnerungstafel hoch. Das Tafelbild hing in der Gruftkapelle in Sachseln, von wo es leider gestohlen wurde. Der Text darauf lautete:
Am 26. Juni 1937 wurde Ida Jeker von Büsserach in der Kirche von Sachseln von angeborener Epilepsie und gelähmtem Arm mit eiternder Wunde plötzlich und vollständig geheilt. Papst Pius XII. hat die Heilung nach kirchlichem Prozessverfahren am 30. April 1944 als Wunder für die Heiligsprechung anerkannt. In der Peterskirche in Rom hing dieser Bildteppich von den Loggien der vorderen Kuppelpfeiler nieder. Er versinnbildlicht den Moment des Berührens des Büssergewandes von Bruder Klaus. Gott sei die Ehre und dem seligen Bruder Klaus herzlich Dank.

Aus Dankbarkeit wallfahrtete die ganze Familie Jeker, die Eltern mit ihren sechs Töchtern, im Jahr nach Idas Heilung nach Sachseln und dem Ranft.

das Leben zu schenken, war in meinem Alter nicht mehr möglich.

Seinerzeit als man mich im Fernsehen zeigte, nahm mein Sohn die Sendung auf Video auf, ohne dass ihn jemand dazu veranlasste. Ja diese Fernsehsendung! In Sachseln musste ich eine Stunde vor der Kamera Red und Antwort stehen. Der Beitrag wurde auf fünf Minuten Sendezeit zusammengekürzt. Ich glaube, die bringen so etwas nicht allzugerne. Das Thema war ihnen zu religiös. Für andere Themen steht ihnen jedoch genügend Sendezeit zur Verfügung.

In vielen Vorträgen im In- und Ausland, es sind inzwischen bereits mehr als hundert, habe ich den Leuten von

Erinnerungstafel einer Bruderschaft, die Episoden aus dem Leben von Bruder Klaus darstellt.

Ida Jeker, umgeben von direkten Nachkommen von Bruder Klaus.

meinem Schicksal erzählt. Jetzt, nach 50 Jahren, bin ich hier in Sachseln und habe am Ort meiner Heilung meinen ersten Vortrag. Anderseits bedaure ich es, dass man mich nicht noch mehr für Vorträge engagierte.

In Pratteln, meinem Wohnort, wo auch viele Protestanten leben, musste ich den Vortrag schon dreimal wiederholen. Auch den Kindern durfte ich etwa sechsmal das erlebte Wunder erzählen.

Es ist für mich etwas vom Schönsten, wenn ich mein Schicksal den Kindern erzählen darf. Man soll ja nicht glauben, dass die Jungen nicht daran interessiert wären – aber leider erzählt ihnen niemand solch wahre Begebenheiten.

Als ich kürzlich die Religionslehrerin traf, erzählte sie mir, wie lautstark und ungehalten ihre Kinder sich neulich aufspielten. Als sie dann die ungezogene Rasselbande gefragt habe, wieso sie nicht ruhig sein wollten, habe einer geantwortet: «Schicken Sie uns wieder Frau Schwarb vorbei, und wir werden mäuschenstill sein.»

Was ich zum Schluss meines Vortrages noch erwähnen will: Zum Dank, dass ich geheilt wurde, bin ich jetzt schon 17 Mal von Büsserach oder von Pratteln, beides ist etwa gleich weit, zu Fuss, über den Glaubenberg, nach Sachseln und dem Ranft gepilgert.

Die Wallfahrt ist etwa 140 km lang, was dreieinhalb Tage Fussmarsch bedeutet. Vor zwei Jahren machte ich die Strecke zum letzten Mal. Und so Gott will, möchte ich es dieses Jahr, weil es 50 Jahre her sind, nochmals tun. Zum Schluss kommend will ich den Vortrag mit dem Gebet von Bruder Klaus beenden:

Mein Herr und mein Gott,
nimm alles von mir, was mich hindert zu Dir.
Mein Herr und mein Gott,
gib alles mir, was mich fördert zu Dir.
Mein Herr und mein Gott,
nimm mich mir und gib mich ganz zu eigen Dir.

Ida beantwortete anschliessend noch einige Fragen aus der Zuhörerschaft:

– Jemand fragte nach schriftlichen Belegen und Aufzeichnungen. Ida antwortete: «Pfarrer Boll aus Schwörstadt hat ziemlich viel darüber aufgeschrieben. Leider ist sein Büchlein in der Schweiz nicht erhältlich.»

– Jemand fragte wegen den Ärzten, die sie behandelten. Idas Antwort war: «Der letzte Arzt musste mich gründlich untersuchen – alle andern Ärzte wurden schriftlich befragt und mussten bestätigen, dass sie mir nicht weiter helfen konnten. Das schönste Zeugnis stellte der protestantische Arzt Dr. Gustav Peyer aus Laufen aus. Er schrieb: Nicht ich konnte helfen, sondern Gott.»

Einmal fragte jemand, ob Ida stolz gewesen sei, dass gerade sie geheilt worden war. Sie antwortete: «Auf meine Heilung bin ich nie stolz gewesen, etwas Ähnliches wie Stolz aber empfand ich, als der Herr Pfarrer Ildephons Regli mir schrieb: «Ida, du bist die Leidensblume in Gottes Garten!»

Zum Schluss erwähnte Ida auch noch die anderen Wunderheilungen und erzählte noch einiges von zu Hause; wie sie z.B. in der nachfolgenden Zeit von vielen Besuchern buchstäblich überschwemmt wurden und an einem einzigen Tag 27 Personen, Ärzte, Pfarrer und ganze Familien kamen. «Etliche kamen sogar mehrmals und allen bot Mutter Kaffee und Kuchen an. Mutter war eine herzensgute Person – Gott habe sie selig!»

Ida Jeker

Papst Johannes Paul II. kam als Pilger am 14. Juni 1984 nach Sachseln.
Auf dem Flüeli zelebrierte er einen Gottesdienst und betete anschliessend am Grab des heiligen Bruder Klaus im Chor der Wallfahrtskirche zu Sachseln.

Eine Wallfahrt von Büsserach nach Sachseln

Insgesamt 17 Mal wallfahrtete Ida Jeker, zusammen mit Bekannten, zu Bruder Klaus nach Sachseln – letztmals 1986. Das sind jedesmal rund 140 Kilometer auf Schusters Rappen. Einmal gingen sie als Büsser von Büsserach bis auf den Passwang, zirka zehn Kilometer, barfuss. Ein anderes Mal gingen sie, zum Abschluss der Wallfahrt, zirka 20 Kilometer barfuss, nicht als Büsser, sondern weil sie allesamt Blasen an den Füssen hatten.

Das Gehen machte natürlich auch Hunger und Durst, und so erinnert sich Ida, wie sie einmal im Luzerner Hinterland, in der Nähe von Grossdietwil bei einem Bauernhof mit schönen fruchtbeladenen Apfelbäumen vorbei kamen: «Da lagen jede Menge Äpfel herum und uns gelüstete danach. Der Bauer hätte es uns direkt ansehen müssen, aber sein ‹christliches› Herz zeigte keinerlei Regung, und als dann eine von uns keck sagte, dass wir Durst hätten, brummte er: ‹Dort ist der Brunnen!›»

Über diese Wallfahrten zu Fuss wurde auch in der Presse berichtet, so 1966 im «Sonntag», und 1976 im «Fricktalbote». Im August 1966 berichtete Idas Schwester Emma, welche auch an der Wallfahrt teilgenommen hatte, ausführlich in der «Nordschweiz» darüber. Lesen wir, was sie schrieb:

Der vor Jahren von Ida Jeker ersehnte Wunsch geht in Erfüllung. Am 26. Juni 1937 wurde sie von Bruder

Klaus auf wunderbare Weise geheilt und zum Dank will sie nun zum erstenmal zu Fuss nach Sachseln wallfahren. Sie wird begleitet von ihrer jüngsten Schwester Emmeli und drei opferbereiten Freundinnen; Gertrud Saner, Ruth Schwendimann und Elisabeth Jeker.

Mit ein Grund ist auch das Anliegen des Heiligen Vaters, zur 100-Jahrfeier der Erscheinung in Lourdes die verschiedenen Wallfahrtsorte zu besuchen.

Lassen wir nun Emma Jecker sprechen:

Die auf der Landkarte eingezeichnete Route wurde durch den geographisch gut bewanderten Paul Jeker korrigiert. Infolge des schlechten Wetters bekamen wir etwelche Sorgen. Im frommen Gebet empfahlen wir uns dem hl. Petrus. Und wirklich, das Wetter hellte auf.

Am Vortag der Abreise begaben wir uns ins Pfarrhaus. In Abwesenheit unseres lieben HH. Pfarrers Gregor Roth OSB, dem wir Tage zuvor unser Vorhaben mitgeteilt hatten, nahm uns HH. P. Plazidus Meyer OSB freudig in Empfang. Während uns die Köchin Louise mit allerlei Gebäck bewirtete, bekamen wir wertvolle Ratschläge zu hören. Uns zur Ehre rauchte der Herr Pfarrer sein Sonntagspfeifchen. Er bot uns auch seinen SBB-Zugsfahrplan an, da er nicht absolut sicher war, ob wir nicht vor Übermüdung schon vorher aufgeben würden.

Wir lachten darob, denn wir waren fest entschlossen, vom Elternhaus bis nach Sachseln zu Fuss zu gehen. Der Herr Pfarrer überreichte uns ein Bestätigungs- und Empfehlungsschreiben, das uns später dann auch wirk-

Die fünf Pilgerinnen, die gemeinsam und auf Schusters Rappen von Büsserach nach Sachseln wallfahrteten.

lich gute Dienste leistete. Der hochwürdige Herr erteilte uns seinen Reisesegen. Dann eilten wir nach Hause, überprüften nochmals unsere Rucksäcke und legten uns zeitig schlafen. Schon um fünf Uhr war Tagwacht. Gestärkt durch ein nahrhaftes Frühstück und mit dem Rucksack auf dem Buckel verabschiedeten wir uns von unseren Eltern und Geschwistern, die uns mit Tränen in den Augen nachsahen.

Trotz der vielen Arbeit, die auf dem Felde anstand, gönnte man uns diese Wallfahrt von Herzen.

Beim Vorbeigehen zogen wir an der Glocke des Pfarrhauses. Vor der Haustür erschien unser Herr Pfarrer als humorvoller Fähnrich, der die rot-weisse Fahne hoch hielt, um uns damit seine Freude zu zeigen. Als ein treuer Hirte seiner Herde liess unser Seelsorger bei seiner Bruder-Klausen-Statue zwei Kerzen brennen, damit der Heilige vom Ranft uns segnend auf der bevorstehenden langen Reise beschützen möge.

Punkt halb sechs Uhr brachen wir dann auf und schon bald lag Büsserach hinter uns.

Unterwegs beteten wir unser Morgengebet und den Englischen Gruss, empfahlen uns dem Schutz Mariens und trugen stumm unsere Anliegen dem lieben Gott vor, die Passwangstrasse unter den Füssen und oben die liebe Sonne, die uns mit ihren ersten Strahlen begrüsste. Wir befolgten den Rat erfahrener Männer und machten auf einem Baumstamm in Beinwil unseren ersten Stundenhalt von zehn Minuten.

Ein humorvoller Brief, der uns mitgegeben worden war, wurde vorgelesen und mit Schmunzeln quittiert. Weiter gings dem Passwang entgegen. Ein erstes Auto hielt an und lud uns zum Mitfahren ein, doch ein mutiges «Nein, danke» kam über unsere Lippen. Den zweiten Halt legten wir am Fuss der alten Passwangstrasse ein.

Wir kreuzten ein am Wege stehendes Muttergottes-Bildstöcklein. «Mutter Gottes, begleite uns auf unserem Weg.»

Dritter Halt um 8.30 Uhr auf der Passwanghöhe. Der süssen Schokoladetafel, die uns der HH. Pfarrer mitgegeben hatte, konnten wir nicht länger widerstehen. Dazu assen wir die feinen «Weggli», die uns das Begg-Dorli

(Dorli Schmid) noch zur Wegzehrung geschenkt hatte. Weiter gings – nein, nicht durch den Tunnel, sondern weiter oben über die alte Passstrasse ins Tal nach Mümliswil. Beim nächsten Wegkreuz stimmten wir das Lied an: «Maria, du sollst unsere Führerin sein.» Wir genossen die Herrlichkeit der Natur und beteten den Rosenkranz.

In Mümliswil besuchten wir die Kirche und sangen vor der schönen Muttergottesgrotte: «Maria zu lieben...»

Wieder ein kleines Picknick im Freien, Socken und Schuhe wechseln. Um 11.30 Uhr stärkten wir uns im Hotel «Kreuz» mit einer heissen Suppe und tranken feine Ovomaltine. Önsingen erreichten wir um 12.55 Uhr.

Und nun gings dem Muttergotteswallfahrtsort Wolfwil entgegen, wo wir erneut in der Kirche einen kleinen Halt einlegten.

Der Aare entlang wanderten wir weiter durch das Murgental und dort begegnete uns im Wald ein munteres Rehlein. Vor uns lag St. Urban, wo wir dann im ehemaligen Kloster das prächtige Chorgestühl bestaunten. Eine von uns war schon so müde, dass sie nicht einmal bemerkte, dass sie dieses Kunstwerk durch die Sonnenbrille betrachtete.

Wir fragten nach einer Abkürzung nach Altbüron, doch leider gab es keine. Man bot uns auch an, uns mit dem Auto dorthin zu bringen – unserer allgemeinen Müdigkeit wegen eine sehr verlockende Einladung. Trotzdem erneut ein mutiges «Nein, danke».

Langsam, fast kriechend, wie jene, die ihr Häuschen auf dem Rücken tragen, kamen wir vorwärts. Dreimal schon hatte man uns getäuscht. Immer wieder hiess es, noch zwei bis drei Kilometer. Endlich erreichten wir dann unser Tagesziel, das Restaurant «Kreuz» in Altbüron. Erleichtert traten wir ein und fragten nach einem Nachtlager. Es hiess jedoch: Kein Platz – höchstens ein Zweierzimmer.

Enttäuscht und von Müdigkeit übermannt liessen wir unsere Rucksäcke fast zu Boden fallen und sagten: «Wir können nicht mehr weiter – uns ist es völlig egal, selbst wenn wir zur Not auf dem Boden schlafen müssen.» Wir zeigten der Wirtin unser Empfehlungsschreiben und das wirkte Wunder.

Die nette Serviertochter wollte uns sofort ihr eigenes Bett zur Verfügung stellen. Sofort auch war die ganze Wirtefamilie einverstanden und gemeinsam wurde das Doppelzimmer in ein Fünferzimmer umgewandelt.

Wenig später konnten wir auch unseren Riesenhunger mit einem schmackhaften Nachtessen stillen. Bald darauf schleppten wir uns übermüdet zur wohlverdienten Bettruhe. Rücken und Füsse schmerzten sehr. Da und dort gab es Blasen und Muskelkater.

Wir massierten die schmerzenden Stellen und konstatierten, dass wir erkältet waren und Husten und Schnupfen hatten.

Die besorgte Wirtin kam ins Zimmer und brachte wollene Tücher und gegen die Erkältung ein Töpfchen

Oben: Geburtshaus von Bruder Klaus in Flüeli-Ranft/OW
Unten: Das von Bruder Klaus selbst erbaute Wohnhaus für seine Familie

Ein Bauer in Lausen bei Liestal rät Bruder Klaus, nicht zu den Einsiedlern ins Elsaß zu ziehen, sondern im eigenen Land zu bleiben. Bruder Klaus erkennt darin den Fingerzeig Gottes und kehrt um.

Bruder Klaus findet im Ranft unweit von seinem Haus den Platz für sein «Cluslin», das er eigenhändig erbaut.

Obere Ranftkapelle: Die von den Mitbürgern für Bruder Klaus 1468 erbaute Zelle löste das von ihm selbst errichtete «Cluslin» aus Holz und Rinden ab.

Die untere Ranftkapelle wurde durch den rasch anwachsenden Pilgerstrom notwendig. Sie wurde 1501, 14 Jahre nach dem Tod von Bruder Klaus erbaut.

Das Innere der einfachen, schlichten Holzklause, die sich im Anbau der oberen Ranftkapelle befindet.

Bruder Klaus als Friedensstifter mahnt zur Einigkeit und versöhnt die zerstrittenen Eidgenossen auf der Tagsatzung zu Stans.

Pfarrkirche von Sachseln, in welcher sich der Sarkophag des hl. Bruder Klaus befindet.

Das Innere der Pfarrkirche von Sachseln;
im Vordergrund der Sarkophag von Bruder Klaus

Innenansicht der von Gertrud Huber-Brast gestifteten ökumenischen Bruder-Klausen-Kapelle Frauenfeld

Madonna mit Kind, Glasgemälde von Hans Stocker, Basel, in der Bruder-Klausen-Kapelle Frauenfeld

Die schützende Hand von Bruder Klaus am Himmel über dem Waldenburger Tal. Gemälde von Albin Schweri, Ramsen, in der Wallfahrtskirche zu Melchtal/OW

Aus Dankbarkeit für die Heilung pilgerte Ida Jeker-Schwarb, zusammen mit Freundinnen, 17 Mal zu Fuss von Büsserach oder Pratteln aus nach Sachseln.

«Vicks VapoRub»- Salbe zum Einreiben. Solche Labsal geniessend, schliefen wir dann bald ein.

Am andern Morgen erwachten wir völlig «lädiert». Eine von uns ass bereits um 6 Uhr einen Apfel und knabberte hinterher gleich noch ein «Ovo-Sport». Wir andern studierten die Wanderkarte und stellten fest, dass wir bereits am ersten Tag 56 Kilometer marschiert waren!

Nach dem guten Morgenessen verabschiedeten wir uns um 8.30 Uhr, und Ida mit hinkendem Gefolge nahm den zweiten Tag unter die Füsse. Links und rechts dehnten sich prächtige Bauernhöfe aus. Erneut gab es Automobilisten, die anhielten, um uns mitzunehmen, und die dann kopfschüttelnd weiterfuhren, weil sie nicht begreifen konnten, dass wir dankbar ablehnten, obschon man es uns ansah, dass wir angeschlagen waren. Mutig ging es weiter – über Grossdietwil und Fischbach nach Zell. Hier übergaben wir unsere Rucksäcke der Eisenbahn, denn sie wurden uns zu schwer.

Nun gingen wir leichtfüssiger. Frohe Lieder begleiteten uns und schon bald grüsste die prachtvolle Kirche von Willisau.

Ein feines Mittagessen, eingenommen im Gasthof «Kreuz», verlieh uns neue Kräfte. In Gottes freier Natur machten wir ein kurzes Mittagsschläfchen, das uns zwar gut tat, aber trotzdem war es ein Fehler, denn gleich nach dem Erwachen machten uns zentnerschwere Beine und Muskelkater zu schaffen.

Wir suchten eine Apotheke auf: «Sie liebenswürdiger Herr, wir haben so heftige Schmerzen in den Beinen, bitte geben Sie uns dagegen ein rasch wirkendes Mittel.»

«Ja, Muskelkater kann ich nicht auf einen Schlag vertreiben, aber ich rate euch, die Beine mit Wacholdergeist häufig zu massieren.»

Sofort kauften wir fünf Fläschchen vom angeratenen Zaubermittel. Eine von uns lehnte sich im Stehen unachtsam gegen eine Beige aufgeschichteter Schächtelchen und schon fiel alles in sich zusammen auf den Boden. Der Apotheker besann sich eines Besseren und holte noch ein anderes, schnell wirkendes Mittel.

Im Bahnhof-Wartsaal massierten wir dann unsere Beine, und etliche Blasen, die sich zu rosaroten Ballönchen geformt hatten, wurden in weiche Watte gebettet. Ausserdem wechselten wir Socken und Schuhe.

Den eintretenden Bahnfahrenden stach der Duft des Wacholders in die Nase und sie rümpften sie dementsprechend, doch uns war das egal, denn nun ging es uns wirklich besser.

In Wolhusen holten wir dann am Bahnhof unsere vorausgereisten Rucksäcke ab. Völlig übermüdet humpelten wir dem Pfarrhaus zu.

Ich weiss nicht mehr, welchen Anblick wir boten, denn die Pfarrköchin warf uns mehr als nur kritische Blicke zu. Sie schickte uns in das nahe gelegene «St. Josephshaus».

Dort präsentierten wir unser Empfehlungsschreiben und wurden alsogleich freundlich und liebevoll aufgenommen. Zum Glück war genügend Platz vorhanden, um uns fünf Wallfahrerinnen aufzunehmen. Eine dicke Suppe und gleich zwei saftige Wähen (Apfelkuchen) samt Kaffee servierte man uns.

Um 7.45 Uhr nahmen wir teil am Abendrosenkranz und der Herz-Jesu-Andacht in der Pfarrkirche. Seelisch gestärkt, aber körperlich geschwächt, zogen wir uns in die fünf netten, mit fliessendem Wasser eingerichteten Zimmer zurück.

«Horch», was hörten wir? In lieblicher klangvoller Weise ertönte aus der Nähe des Exerzitienhauses ein Alphorn. Ob des wundervollen Klanges und der erwiesenen Nächstenliebe kamen uns die Tränen. Bald schon umhüllte uns friedlicher Schlaf und seliges Träumen.

Morgens um 5.30 Uhr war Tagwache. Um 6 Uhr wohnten wir der hl. Messe bei. Nach dem Morgenessen machte man einige Erinnerungsfotos von uns. Und weil wir so tapfere Wallfahrerinnen waren, stellte man uns nicht einmal eine Rechnung.

Mit Zeichen der Dankbarkeit für die grosse empfangene Güte verabschiedeten wir uns von der hochwürdigen Geistlichkeit und den ehrwürdigen Schwestern.

Und so ging unsere Reise weiter, vorbei am hoch über der Emme gelegenen Wallfahrtsort Werthenstein. Um 10.15 Uhr nahmen wir in Malters eine kleine Stärkung zu uns. Ovomaltine und Erdbeertörtchen.

Mit fröhlichem Singen wanderten wir dann der kleinen Emme entlang. Innerlich erlebten wir den Sinn: «Wir wollen in unserem nur kurzen Leben einander viel Sonne und Freude geben.»

Littau erreichten wir um 12.45 Uhr. Ein nahrhaftes Mittagessen, eingenommen im Hotel Bahnhof, stärkte uns – und weiter ging es gegen Luzern. Es war drei Uhr, als wir Luzern erreichten. Hier beabsichtigten wir, eine Stunde Ruhepause einzulegen, um die schöne Stadt auf uns einwirken zu lassen. Rasch verstrich die Zeit und wir mussten ans Weitergehen denken, denn noch immer trennten uns 25 km von unserem heutigen Etappenziel.

Um 16.15 Uhr liessen wir dann Luzern hinter uns. In Hergiswil interessierte sich der Besitzer des Hotels Pilatus um das Woher und Wohin der fünf inzwischen braun gebrannten Ankömmlinge, denn gar selten treffe man heute noch solch frohe Wandersleute. Freundlich lud er uns ein, auf seine Kosten den Durst zu stillen. Kurz besonnen und ohne Hemmungen durchquerten wir das noble Hotel, wobei unsere um die Schultern gehängten Reserveschuhe lustig hin und her schaukelten.

Die wunderschön angelegte Terrasse am Vierwaldstättersee wurde uns als Ruheplätzchen zugewiesen.

«Tischlein deck dich» – und schon brachte man uns fünf Fläschchen Orangina, für unsere ausgetrockneten Kehlen ein wahres Labsal! Wir verabschiedeten uns dankend und schon waren wir in Richtung Alpnachstad unterwegs. Unangenehm wurde die Situation durch die vielen vorbeirasenden Autos.

Eine Bank bei einem Bildstöcklein verleitete uns für zirka zehn Minuten zum Rasten. «Ja, ja – gut hat sie uns bislang geführt – unsere liebe Gottesmutter.» Unendlich lang schien uns der kurvenreiche Weg. Schon begann es einzunachten und die ersten Sterne funkelten über uns. Mit bleischweren Beinen und erneut wundgelaufenen Füssen bewegten wir uns um den Lopper herum, den wir leider nur zu gut kannten.

Anstelle des Betens opferten wir unsere Müdigkeit auf. Wir waren von Mitleid gerührt, als wir sahen, dass eine von uns mit blutenden Füssen und mit blutdurchtränkten Socken lächelnd bemerkte: «Nur weiter, ich wallfahre für meinen kranken Bruder.»

Märchenhaft strahlten all die vielen Lichter der beleuchteten Berghotels. Der Hunger fing an, uns zu plagen. Beim nächsten Telefon in Alpnachstad riefen wir um 21.30 Uhr ins nahe Gasthaus X an (die Wirtin stammte aus Büsserach) und fragten, ob man uns noch etwas Essen zubereiten könne? Unser Mut schwand vollends und der Hunger wurde noch stärker, als es hiess, die Wirtin sei schon zu Bett gegangen und die Köchin sei ausser Haus. Was nun? Weiterhumpeln?

Noch im gleichen Ort betraten wir das alkoholfreie Restaurant «Alpenrösli». So freundlich wie der Name tönt, so freundlich wurden wir dort auch empfangen. Nach unserer Wahl stellte uns die mitfühlende Wirtin ein schmackhaftes Nachtessen auf den Tisch.

Auf diese Weise neugestärkt pilgerten wir weiter. Unheimlich wurde für uns die Situation wegen der schnellen Autos, die uns überholten, oder die in der stockdunklen Nacht anhielten, um uns mitzunehmen. Jedesmal aber lehnten wir dankend ab.

Und so flehten wir: «Hl. Bruder Klaus, sei du uns Beschützer und Helfer.» Bei einer von uns drückten die Schuhe so stark, dass sie diese auszog und in den Socken weitermarschierte. «Schaue vorwärts und nicht zurück, denn neuer Mut verheisst neues Glück.»

Die gut befreundete Familie Rohrer, die uns schon frühzeitig in Sachseln erwartete, war wegen unserer Verspätung sehr besorgt. Sie schickte uns einen Boten entgegen, der uns dann in Kägiswil hilfsbereit erwartete. Immer näher schienen die Lichter von Sarnen zu sein und doch waren es immer noch ein bis zwei Kilometer.

Endlich – die Glocke schlug gerade 1 ½ Uhr, als wir bei der Kirche in Sachseln vorbeikamen. Zu dieser frühen Morgenstunde war die liebe Familie Rohrer in der Küche zugegen und hatte für uns eine Stärkung vorbereitet. Man bewunderte uns, da wir insgesamt ungefähr 136 Kilometer zu Fuss bis hierher gepilgert waren. Übermüdet wie wir waren, schliefen wir für den Rest der Nacht tief und traumlos.

Am Sonntagmorgen stiegen wir bereits um acht Uhr aus den Federn. Um neun Uhr wohnten wir der heiligen Messe bei und empfingen die Heilige Kommunion. Hier sandten wir unseren Dank und unser Flehen empor zu dem, der uns und unser Heimatland so treu beschützt hat, und unsere Anliegen legten wir zu seinen Füssen nieder.

Um halb zwölf Uhr durften wir im Restaurant Schlüssel ein schmackhaftes und fein zubereitetes Mittagsmahl einnehmen. Einmütig war in jeder von uns der Wunsch, die schöne Sonntagsruhe nun völlig zu geniessen. «Oh, hörten es doch alle Leut, das heilige Sonntagsruh-Geläut.»

Wie heimelig ist es doch im schmucken Obwaldner-Ländchen, mit all seinen blumengeschmückten Holzhäusern, die allhier von friedlicher Alpenpracht umgeben sind!

Abends nach dem Kirchenbesuch begegnete uns beim Verlassen der Kirche HH. Bruder-Klausen-Kaplan Fridolin Gasser.

«Heil dir, Helvetia!» rief er uns als frohen Willkommensgruss entgegen – «kommt mit, ihr fünf Staufacherinnen.»

An seiner Seite begleiteten wir ihn ins Kaplanhaus, wo es ein Erzählen und ein frohgemutes Plauderstündchen gab, während uns die Köchin einen süssen Trank zur Stärkung reichte. Der Herr Kaplan erfreute sich unserer Gesellschaft und teilte uns mit, dass anderntags auf dem Flüeli-Festplatz eine hl. Messe sei.

So nahmen wir am Montag Morgen den Weg ins Flüeli unter die Füsse, wo wir zuerst die Muttergottes-Kapelle besuchten. Ergreifend war die hl. Messe im Freien, wo auch eine grosse Pilgerschar aus Deutschland teilnahm. Unvergesslich bleibt uns die interessante und eindrucksvolle Predigt, die der HH. Domherr Durrer dort mit inniger Hingabe gehalten hat.

Mit neuem Mut beschlossen wir, an der anstehenden Muttergottes-Wallfahrt nach Melchtal teilzunehmen. Unter Begleitung des Rauschens der Melchaa sangen wir begeistert das Lied: «Wir ziehen zur Mutter der Gnade, zu ihrem hochheiligen Bild...».

Befangen von der einzigartigen Schönheit der Wallfahrtskirche, bestaunten wir die Vielzahl der alten Votivtafeln und sangen zu Füssen der goldig leuchtenden Muttergottes-Statue: «Es blüht der Blumen eine...».

Glückstrahlend genossen wir die Schönheit dieser Landschaft und waren froh, als uns ein dienstbeflissener Chauffeur mit seinem Auto nach Sarnen führte.

Das gab uns nun auch die Möglichkeit, das «Sarner Jesuskind» im Frauenkloster St. Andreas zu besuchen.

Abends um 21 Uhr nahmen wir an der schönen und eindrucksvollen Lichterprozession in Sachseln teil, organisiert vom grossen Pilgerzug aus Deutschland. Der HH. Kaplan Gasser trug dabei das Allerheiligste in den Händen – umgeben von leuchtendem Kerzenschein.

Dienstag Morgen, nach Beendigung des Gottesdienstes, brachte uns der Taxichauffeur Josef Rohrer die freudige Nachricht, er führe uns auf die Melchsee-Frutt – und dies zu einem ermässigten Preis. Jetzt dürfte unser heimliches Sehnen gestillt werden, nämlich mit einem Strauss Alpenrosen heimkehren zu können.

Grosse Freude herrschte unter uns, als wir auf der Frutt droben die reine und frische Alpenluft geniessen konnten. Viele herrliche Erinnerungen nahmen wir mit. Das blaue Bergseelein, das ganze Panorama und nicht zuletzt auch die gute Suppe und der wohlschmeckende Kaffee im Hotel Post gehörten dazu.

Bald ging es wieder abwärts. Der Chauffeur hielt an und wie flinke Rehlein hüpften wir auf dem Gestein von einem Busch Alpenrosen zum andern und pflückten unseren Alpenblumenstrauss. Sicher und planmässig führte er uns aufs Flüeli. Nun gings hinab in den Ranft. Nach einem stillen Verweilen in der oberen und der unteren Ranftkapelle wanderten wir frohgemut wieder Sachseln zu. Ein glücklicher Tag neigte sich dem Ende zu und unsere Heimkehr stand bevor.

Am Mittwochmorgen nach dem Gottesdienstbesuch nahmen wir Abschied vom schönen Wallfahrtsort, vom HH. Kaplan Fridolin Gasser und von all den lieben Leuten, die uns so viel Gutes und so viel Freude bereitet hatten. Margritli spedierte unsere Rucksäcke zur Bahn – ein letztes frohes Winken und – lebt wohl ihr Berge und auf Wiedersehen.

Frohsinn und heller Sonnenschein leuchtete in unsere Herzen, als wir in Alpnachstad das Schiff bestiegen, das uns durch die einmaligen Gefilde des Vierwaldstättersees nach Luzern brachte.

Nach dieser erlebnisreichen Seefahrt bestiegen wir in Luzern den Zug nach unserer Heimat. Überglücklich war dann das Wiedersehen mit unseren Lieben zu Hause – mit den Eltern und den Geschwistern.

Unvergesslich wird uns dieses Erlebnis der grossen Wallfahrt zu Bruder Klaus in tiefer Erinnerung bleiben.

Emma Jeker

Eine fast mannsgrosse Statue des heiligen Eremiten, gefertigt aus Terrakotta, modellierte der Künstler Erwin Bühler aus Liesberg. Die Statue steht in der Bruder-Klausen-Kirche im Riederwald bei Liesberg/BL.

Am 11. Mai 1997 segnete Abt Dr. Lukas Schenker im Wilerrank unweit von Mariastein eine Niklaus und Dorothea von Flüe-Gedenkstätte ein. Das Eisenrelief ist eine Gemeinschaftsarbeit von Kunstschaffenden aus Berneck/SG, dem Künstler Walter Jüstrich und der Schlosserei Federer.

Bruder-Klaus-Statue in Egerkingen/SO, die 1965 eingeweiht wurde.

Zur Erinnerung an das Wunder liess die Kirchgemeinde Büsserach einen Kelch herstellen. In vier Bildern wird das Geschehen um Ida Jeker dargestellt. Nächste Seite, oben links: Eine Darstellung der alten, abgebrochenen und ersetzten Kirche, mit der typischen Stiege auf der Westseite. Versinnbildlicht im Hintergrund auch Idas Wohnhaus und das Pfarrhaus. Nächste Seite, oben rechts: August Saner mit seinem Autocar. Die Pilgerschar begibt sich in die Wallfahrtskirche von Sachseln.

Unten links: Ida Jeker berührt das Gewand des Eremiten und wird spontan geheilt.
Unten rechts: Der Papst gibt im März 1947 den versammelten Kardinälen bekannt, dass er den Schweizer Eremiten Niklaus von Flüe heilig sprechen werde.

Die beiden von Bruder Klaus geheilten Frauen aus dem Kanton Solothurn:
links: Bertha Schürmann aus Egerkingen
rechts: Ida Jeker aus Büsserach
Ihre Heilung wurde von der Kirche aufgrund ärztlicher Zeugnisse als Wunder anerkannt und trug massgeblich zur Heiligsprechnung von Bruder Klaus bei.

Die anderen Heilungswunder

Das erste Wunder durfte Ida Jeker am 26. Juni 1937 an sich erleben. Das zweite Wunder geschah an Bertha Schürmann aus Egerkingen am 18. Mai, dem Auffahrtstag 1939.

Vizepostulator Werner Durrer schrieb: «Die beiden Heilungen wurden mit grosser Gründlichkeit lange untersucht und studiert, ähnlich wie in Lourdes. Es braucht enorm viel, bis die Ärzte versichern: ‹Wir stehen vor einer medizinisch unerklärlichen Tatsache›. Auf dieses Urteil hin wird eine Heilung als Wunder anerkannt. Die beiden untersuchten und beeidigten Fälle ebneten nun den Weg zur Heiligsprechung von Bruder Klaus vollends.»

Zu einer Heiligsprechung sind aber drei sicher bezeugte Wunder nötig. Papst Pius XII. verzichtete jedoch auf das dritte Wunder, denn schliesslich war die Tatsache, dass Bruder Klaus 19 Jahre lang ohne Speis und Trank gelebt hatte, ebenfalls ein Wunder. Bruder Klaus aber erfüllte im Gehorsam die kirchlichen Anforderungen. Am Tag seiner Heiligsprechung wirkte er ein Wunder an der Österreicherin Anna Melchior. Darüber berichtet das übernächste Kapitel in diesem Buche.

Das vierte, den kirchlichen Behörden nie gemeldete Wunder war die Heilung der Gertrud Huber-Brast aus Frauenfeld, die von ihrem Leiden und drohender geistiger Umnachtung durch Bruder Klaus befreit wurde, wie sie selbst im letzten Kapitel dieses Buches bezeugt.

Diese mannshohe Holzstatue steht im Garten vor der Kirche in Blauen (Laufental/SO). Sie wurde vom einheimischen Künstler Gaston Borruat geschnitzt.

Das Wunder an Bertha Schürmann

Bertha Schürmann erblickte am 9. Mai 1912 in Egerkingen/SO das Licht der Welt. Ihr folgten noch zwei Schwestern und ein Bruder. Sie war eine brave quecksilbrige Frohnatur.

Nach Absolvierung der Primarschule machte sie in Solothurn eine Lehre als Ladentochter, hernach ging sie nach Baldegg und bestand mit sehr gutem Erfolg das Patent als Arbeits- und Hauswirtschaftslehrerin. Mit 23 Jahren wurde sie schwer krank. In ihrem Lebensbericht heisst es:

«Im Dezember 1935 bekam ich eine hartnäckige Angina. Nach zwei Wochen stellten sich grosse Schmerzen im Kopf, im Genick und in den Beinen ein. Andere Leiden kamen noch dazu, wie Magenkrankheit, Nieren- und Blasenleiden. Das Herz wurde schwach, eine Besserung trat nicht ein. Die Brustfellentzündung schwächte mich total, so dass man um mein Leben bangte.

Ich wurde immer schwächer und blieb keine Sekunde schmerzfrei. Im Mai 1938 ging ich nach Rheinfelden und nahm 22 Bäder, die aber keinerlei Linderung brachten. Dr. Robert Bing, Professor für Neurologie in Basel, untersuchte mich und konnte mir leider keine Hoffnung machen.

Ich betete zu Bruder Klaus und wollte nach fünf Monaten Aufenthalt in Rheinfelden heim. Sterbenskrank kam ich im Elternhaus an. Man glaubte nicht, dass ich den Morgen noch erleben würde. Drei Wochen lang konnte ich die Augen vor Schwäche nicht öffnen. Ich musste flach liegen und konnte mich nicht mehr bewegen. Ich war gelähmt. In meiner Not sagte ich zu Bruder Klaus: ‹Lieber Bruder Klaus, ich mache jetzt eine Novene (neuntägiges Gebet) nach der andern zu dir; bis du mir hilfst oder bis ich sterbe – aber aufhören werde ich nicht!›

Am 4. Mai 1939 war der Hausarzt bei mir. Auf meine Frage sagte er mir, dass kein Arzt mir je helfen könne. Ich glaubte es ihm, doch gab ich die Hoffnung nicht auf, dass mir Bruder Klaus doch helfen könne.»

14 Tage später war Auffahrt. Ein schöner Maientag, voll Licht und Wärme und Vogelgesang. Bertha erzählt: «Die Magnifikatsglocke läutete. Ich war allein zu Hause. Mutter und Geschwister waren in der Kirche, der Vater auf Krankenbesuch.

Während ich die Novene betete, fühlte ich Leben auf der rechten Seite. Ich klemmte mich – es tat weh, es war wirkliches richtiges Leben. Ich drehte mich ohne Schwierigkeiten um und setzte mich auf. Ich weiss nicht, wie mir war, ein unbeschreiblich wunderbares Gefühl bemächtigte sich meiner.

Ich setzte mich auf den Bettrand und schaute auf das Bild des Seligen vom Ranft, das vis-à-vis an der Wand hing. Voller Inbrunst sagte ich: ‹Bruder Klaus, hilf mir doch!› Ich stand auf – seit drei Jahren und fünf Monaten zum erstenmal. Ich trat ans Fenster und erblickte das herrliche Grün – es kam mir alles so neu, so unendlich schön vor. Weit unten im Feld wusste ich eine arme, gelähmte Frau und Mutter einer stattlichen Kinderschar. Mein erster Gedanke: Lieber Gott, warum wurde ich und nicht diese Frau geheilt? Die Frage blieb offen. – Alles schien mir wie ein Traum. Ich kehrte zu meinem Bett zurück – wie betrunken, da nahm Bruder Klaus meinen Blick gefangen – ich weinte – sang das Te Deum – und dankte.»

Seit jenem Auffahrtstag, dem 18. Mai 1939, war Bertha Schürmann nie mehr krank.

Bertha starb am 28. Januar 1995 im Alter von 83 Jahren in der solothurnischen Höhenklinik Allerheiligenberg. Sie wurde in einem Familiengrab in Egerkingen zusammen mit ihrem vorher verstorbenen Gemahl beigesetzt. Weder in der Kirche noch sonst irgendwo im Dorf findet sich ein Hinweis auf das Ereignis, aber in der Peterskirche in Rom finden wir auf einem Bildteppich, der an einer der Loggien der vorderen Kuppelpfeiler angebracht war, die Heilung im Bild dargestellt. Die Aufschrift lautet:

INSTANTANEA AC PERFECTA SANATIO
BERTHAE SCHÜRMANN A GRAVI
ENCEPHALO-MYELITE DISSEMINATA

Sofortige und vollkommene Heilung des entzündlichen Gehirn- und Rückenmarkleidens (Multiple Sklerose) von Bertha Schürmann

Unumwunden bestätigten sowohl der behandelnde Arzt als auch drei von der heiligen Kongregation zugezogene Professoren einmütig die schwere Krankheit von Bertha Schürmann und die äusserst ungünstige Prognose. Die Sachverständigen bezeugten übereinstimmend, dass es sich bei der Heilung um ein Wunder handle.

Quellenangabe:

- Schwarzbueb-Kalender 1948/Seite 81, Verlag Jeger-Moll, Breitenbach
- Mündliche Mitteilungen von Ida Jeker

Familiengrabstein von Cäsar und Bertha Burkhardt-Schürmann. Bertha Schürmann starb am 28. Januar 1995 im Alter von 83 Jahren auf Allerheiligenberg. Sie wurde im Grab ihres Gatten beigesetzt.

Wie Anna Melchior am Tag der Heiligsprechung von Bruder Klaus geheilt wurde

Im 16. Lebensjahr erkrankte Anna an Lungen- und Rippenfellentzündung. 1920 litt sie erneut an derselben Krankheit und von da an war sie kränklich. 1924 wurde sie schwer krank.

Nach Röntgenuntersuchungen wurde Rückenwirbelsäulen-Tuberkulose (D 8-11) festgestellt und man wies sie in die Tuberkulose-Heilanstalt Klagenfurt ein. Dort lag sie 18 Monate lang angeschnallt.

Nach dieser Zeit konnte sie dann wieder mühsam an Krücken gehen. Wieder verschlechterte sich ihr Gesundheitszustand und sie wurde erneut für sieben Monate bettlägerig.

Nach dieser Zeit konnte sie mit einem orthopädischen Stützmieder etwas arbeiten, zuerst als Haushalthilfe und dann als Hilfe in einem Handarbeitsgeschäft, wo sie mit Unterbruch zehn Jahre tätig war.

1930 verlor sie ihren Vater, der an den Folgen eines Schlaganfalls gestorben war. Im Sommer 1935 bekam sie furchtbare Schmerzen im Genick. Es wurden schwere Erkrankungen an den Halswirbeln 3-5 festgestellt. Sie kam in die Heilstätte und dort aufs Streckbett.

Zwei Jahre später verschlimmerte sich ihr Zustand erneut. Die Beine und der linke Arm waren gelähmt und auf der Brust hatte sich ein Höcker gebildet. Zeitweilig

Nach zehnjährigem Beten zu Bruder Klaus wurde die todkranke Anna Melchior am 15. Mai 1947 geheilt.

wurde sie ohnmächtig. Sie musste künstlich ernährt werden. Bereits wurde erstmals vom Sterben gesprochen und ihre Mutter nahm sie nach Hause.

Eine grosse Verehrerin von Bruder Klaus, Mathilde Wickard aus Zug, übernahm in Klagenfurt eine Missionsaufgabe. Es war diese Frau, die Anna Melchior, das Häufchen Elend, immer wieder besuchte.

Im Sommer 1937 geschah das Wunder an Ida Jeker. Martha Wickard war von diesem Geschehen so beeindruckt, dass sie der todkranken Anna von Bruder Klaus erzählte. Sie schenkte ihr ein Bruder-Klausen-Gebetbuch und ein kleines Bildchen mit einem angehefteten Stücklein Linnen, das zuvor mit dem Rock des Bruder Klaus in Berührung gebracht worden war.

Das Bildchen wurde an den Wandbehang geheftet, so dass die Kranke vom Bett aus einen Blick darauf werfen konnte. Sie liebkoste das Bildchen ihrer Hoffnung selbst noch, als ihr linker Arm bereits gelähmt war.

Zehn Jahre gingen so dahin. Es kam der Krieg. Ein Bruder von Anna fiel in Russland. Hilflos im Bett liegend erlebte sie im Beisein ihrer Mutter schreckliche Bombenangriffe. Ringsum war alles zerstört und sie selber hatte in einem mit Glasscherben übersäten Bett überlebt. Infolge solcher Gefährlichkeit übersiedelte man sie in einem Sanitätsauto aufs Land, nach Friesbach.

Doch auch hier gab es Fliegeralarm und auch hier fielen die Bomben. Da die Sirenen fast Tag und Nacht heulten, lag sie während vier Monaten ununterbrochen auf einer Bahre, damit man sie im Notfall schnellstens in den Unterstand bringen konnte.

Der Krieg ging zu Ende und man brachte sie in einem britischen Militärauto wieder nach Hause. Das durch Kriegseinwirkung schwer beschädigte Haus war inzwischen notdürftig repariert worden.

Die Not war gross. Es gab fast nichts zu essen. Im Frühjahr erwartete Anna den Tod. Ihr Totenhemd hatte sie bereits ausgewählt. Sie war verwelkt und geschwächt und der Eiter floss ihr aus Fisteln im Rachen aus dem Mund, dann auch aus der Nase und den Augenwinkeln.

Die Glocken läuteten zum Himmelfahrtsfest. Anna schickte ihre Mutter gegen deren Bedenken zur hl. Messe, befürchtete die Mutter doch, dass Anna in der Zwischenzeit sterben könnte.

Nach der Messe brachte die Mutter das Pfarrblatt nach Hause, wo auf der ersten Seite die Heiligsprechung von Bruder Klaus in grossen Lettern angekündigt wurde. Mühsam konnte Anna die grosse Schrift entziffern. Anna war ergriffen. Sie nahm das Bildchen zur Hand und sagte: «Bruder Klaus, ich gratuliere dir!»

Am 15. Mai 1947, dem Tag der Heiligsprechung von Bruder Klaus, verspürte sie in ihrem Körper ein niegekanntes neues Lebensgefühl. Von den Füssen bis zum Kopf wurde sie von einem Strom durchflutet.

Die seit 12 Jahren gelähmte, geschwächte Frau richtete sich im Bett auf, schlug die Bettdecke zurück, sprang aus dem Bett und lief auf den Korridor hinaus.

Die zwei von Bruder Klaus geheilten Frauen:
Anna Melchior aus Klagenfurt
und Ida Jeker aus Büsserach

Geschockt dachten die Umstehenden, ihre Mutter, die Lisl und Annas Nichte: Jetzt stirbt sie – das ist ein letztes Aufbäumen vor dem Tod.

Aber nein! – War das noch die Anna, die völlig abgemagert gewesen war, mit ihrer Höckerbrust und ihren Spitzfüssen, die sich vom langen Liegen gebildet hatten?

Schlagartig wurde allen bewusst, dass ein Wunder geschehen war. Mit Freudentränen gratulierten ihr die im Zimmer versammelten.

Wie ein Lauffeuer ging es dann durch ganz Klagenfurt und manch einer hörte zum erstenmal im Leben etwas von einem Schweizer Heiligen, dem Bruder Klaus aus dem Ranft bei Sachseln.

Am andern Morgen kleidete sich Anna frühzeitig an und ging hinaus in den jungen Tag. Eine nie gekannte Lebensfreude durchdrang sie. Sie lenkte ihre Schritte zur Kirche, wo sie aus Dankbarkeit eine Kerze anzündete.

1948 wurde sie nach Sachseln eingeladen. Dort wandelte sie auf den Spuren von Bruder Klaus und verbrachte unvergessliche schöne Ferien- und Erholungstage.

1950 verlor Anna ihre liebe Mutter durch den Tod. Am 19. April 1955 wurde im österreichischen Silberwald eine Kirche zu Ehren des Schweizer Heiligen eingeweiht.

So zeichnete Dr. Ida Lüthold-Minder, die Frau, welche Anna Melchior nach Sachseln einlud, ihre Lebensgeschichte. Eingeflochtene Details stammen von Ida Jeker, die sich 1948 mit Anna Melchior unterhalten hatte, als diese in der Schweiz zu Besuch war.

Literatur:

- Ida Lüthold-Minder, Vom Himmel beglaubigt, Die plötzliche Heilung der Anna Melchior am Tag der Heiligsprechung von Bruder Klaus, 63 Seiten, 4. Auflage 1987 Christiana-Verlag ISBN 3-7171-0505-1
- Volkskalender für Freiburg und Wallis 1948, Seite 81

Ein Wandfresko in der Kirche von Bärschwil/SO

Die stigmatisierte Denise Marquis von Mervelier/JU

Lexikon: «Stigmatisation: Das körperlich sichtbare seelische Teilhaben an den Wundmalen Christi; festgestellt seit Franziskus von Assisi bis Therese Neumann. Die Wunden ähneln denen der Geisselung, Dornenkrönung, Annagelung.

Sie bluten besonders an Freitagen und in der Passionszeit, eitern nicht und lassen sich auch durch Wundversorgung nicht heilen.»

Seit dem hl. Franz von Assisi gibt es in der katholischen Kirche über 500 Fälle von Stigmatisation.

Wir zählen den 21. November 1997. Um zu recherchieren bin ich nach Mervelier im Kanton Jura gefahren und sitze nun hier in einer Küche. Es ist dasselbe Haus, in welchem ich vor etwa 45 Jahren Denise Marquis, jene stigmatisierte Frau besuchte, welche damals in der Region in fast aller Leute Munde war.

Am Küchentisch hatte mir gegenüber Simone Kottelat-Sébath Platz genommen. Als Nichte der Stigmatisierten hat sie dieselbe noch gehegt und gepflegt. Bereitwillig und offen erzählt sie mir auf Französisch über das Leben und das Schicksal von Denise, die am 10. Januar 1961 von ihren Leiden durch den Tod erlöst wurde.

Denise Marquis wurde 1892 in Mervelier geboren. Als noch ledige Frau nahm sie im Alter von etwa vierzig Jahren an einer katholischen Feldprozession teil. Eine Pro-

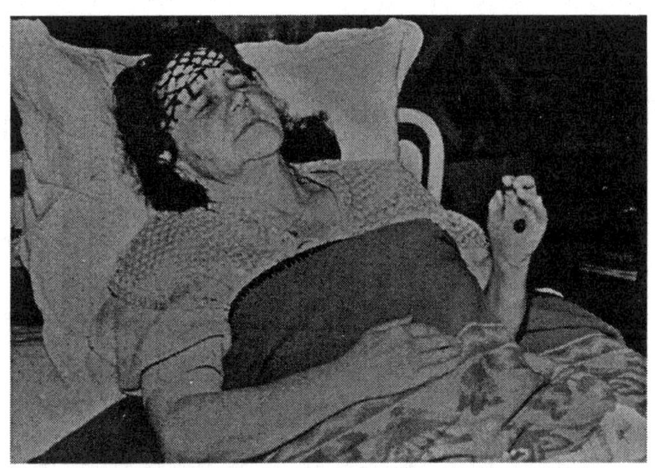

Denise Marquis mit den Spuren der Stigmatisation an Hand und Kopf.

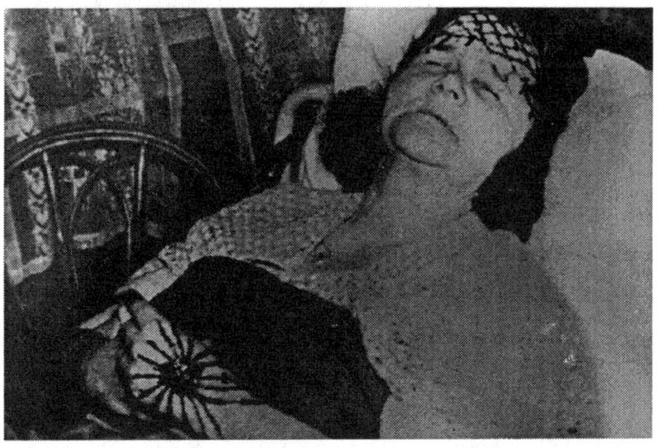

Die ausgeprägten fast ornamentartigen Blutspuren auf der Stirn und der linken Hand sind echtes eingetrocknetes Blut. Sie entstanden ohne jegliche menschliche Manipulation.

zession, wie man sie da und dort noch heute anfangs Frühjahr zum Gedeihen der Feldfrüchte durchführt, um den Segen Gottes hierfür zu erflehen.

Aus Unachtsamkeit stolperte sie damals und fiel unglücklicherweise auf einen steinernen Dolendeckel am Wegrand. Der Sturz veränderte ihr Leben komplett, denn von nun an war sie von den Füssen bis zu den Hüften und an der rechten Hand gelähmt. Trotz aller ärztlichen Kunst konnte ihr nicht geholfen werden.

Sie lag im Spital in Moutier und anschliessend war sie sechs Monate im Inselspital in Bern in Behandlung. Nach ihrem folgenschweren Sturz lag sie für den Rest ihres Lebens ans Bett gefesselt.

Volle zweiundzwanzig Jahre musste sie von ihren Angehörigen gepflegt werden. Schon allein die Tatsache, dass es bei diesem langen Liegen nie zum Wundliegen kam, mag als kleines Wunder gedeutet werden.

Mit der Zeit entwickelte sich oben an der linken Schulter eine starke Rötung, die sich langsam gegen schwarz verfärbte.

Das verursachte ihr starke Schmerzen. Konnte sie diese kaum mehr ertragen, ergriff sie einen Stock und klopfte damit auf den Holzboden, um die im Parterre wohnenden Familienangehörigen zu alarmieren. Das war ihr möglich, weil ihre obere Körperhälfte, mit Ausnahme der rechten Hand, nicht gelähmt war.

Zur gleichen Zeit begannen sich dann die Stigmata (Wundmale) auszubilden. Auf der Stirne wölbten sich, schemenhaft dem Abbild einer Dornenkrone gleich, die Adern. Auf der linken Hand entwickelten sich die Konturen der Nagelwunde Christi. Die rechte Hand und die Füsse, die gelähmt waren, blieben unverändert. Auch eine Seitenwunde entwickelte sich offensichtlich nicht.

Natürlich war sie in all den Jahren auch in ärztlicher Behandlung. Dr. Leo Senn, Delémont, wusch ihr einmal das geronnene Blut weg. Es zeigten sich die Adern, welche die Haut wölbten – und anderntags floss erneut wieder Blut.

Solche Wundblutungen traten anfangs nur jeweils am Freitag auf, später jedoch zeigten sie sich auch an gewöhnlichen Wochentagen. Jeden Karfreitag blutete sie auch aus der linken Seite, wo sich die Seitenwunde Jesu befindet.

Mit der Zeit ging dann die Schwarzverfärbung auf der Schulter zurück, dafür jedoch begann sie zu erblinden.

Jahrelang lag sie mit geschlossenen Augen gelähmt im Bett. Ausser der hl. Kommunion konnte sie auch nichts mehr essen. Den eingegebenen Speisebrei musste sie wieder herauswürgen. Die Schmerzen gehörten zum Alltag von Denise, aber sie wurden immer dann fast unerträglich, wenn die Menschen in ausgelassener und hemmungsloser Fröhlichkeit ihre spezifischen Feste feierten, wie z.B. an Silvester oder während der Fasnacht.

Die Leute kamen in grosser Zahl von überall her, um das Phänomen einer Stigmatisation «live» zu sehen und zu erleben. Aus dem Elsass fuhren ganze Autocars vor.

Und vom Lüsseltal und den deutsch sprechenden nördlichen Nachbartälern wanderten die Leute zu Fuss über das «Wälschgätterli» oder über das «Fringeli» nach Mervelier, das zu Zeiten des Bischofs von Basel noch «Moschbel» genannt wurde.

Ich selber sah die gebeutelte Frau zweimal. Zwischen den beiden Malen lagen Jahre und jedesmal war ich vom Gesehenen stark beeindruckt.

Als ich beim zweiten Besuch anklopfte, meldete sich niemand. Gedanken schossen mir durch den Kopf. Hatte ich nun die lange Fahrt mit dem Fahrrad vergebens gemacht? Nein! Ich überwand meine Scheu und drückte mit einer Dosis Frechheit die Klinke der Haustür nieder. Sie war unverschlossen und so trat ich ein. In der Stille des Hauses knarrten die Holzstufen der Treppe zum ersten Stock, die ich nun langsam hochstieg.

Vom früheren Besuch wusste ich, dass dort die Kammer war, wo die Frau liegen musste. Auch diese Tür war unverschlossen und so trat ich ins abgedunkelte Zimmer. Denise Marquis schlief in ihrem Bett und in der Stille des Raumes hörte ich ihre gleichmässigen Atemzüge. Mit einem Blick erfasste ich die das Haupt umfassenden Stirnwunden mit der schwarz verkrusteten Zeichnung einer Dornenkrone und ihre Hand mit der Nagelwunde. Beschämt und meine Neugierde gestillt habend, stahl ich mich wieder aus dem Haus.

Diese aussergewöhnlichen Phänomene der Stigmatisation wurden regelmässig vom Ortspfarrer Olivier Frund an die bischöfliche Kanzlei in Solothurn rapportiert. Es war auch Pfarrer Frund, der Denise Marquis die Beichte abnahm und ihr die Heilige Kommunion brachte.

Als der Besucherstrom untragbare Ausmasse annahm, sprach Bischof Franz von Streng ein Verdikt aus und verbot die Besuche. Er selber hat jedoch die stigmatisierte Denise Marquis zeitlebens nie gesehen, geschweige denn sie je besucht.

Jean Lenoir erwähnt sie 1947 im Zusammenhang mit der Beschreibung von paranormalen Vorkommnissen im deutschen Ort «Stich». Siehe auch das Buch von Josef Leutenegger: Das Blutwunder von Maria Rain, Christiana-Verlag ISBN 3-7171-0844-1, (das Buch ist vergriffen).

Ida Jeker hat Denise Marquis in Mervelier ebenfalls besucht und zwar zusammen mit ihrem Pfarrer P. Gregor Roth OSB und einer Pilgergruppe.

Als Denise Marquis am 10. Januar 1961 ruhig und für immer einschlief, öffnete sie weit ihre sonst geschlossen gehaltenen Augen.

Inzwischen sind 36 Jahre ins Land gegangen. Im Sommer 1997 wurde ihr Grab in Mervelier aufgehoben und der Grabstein entfernt, aber noch immer ruhen dort ihre Gebeine im alten Grab.

Ein Bild aus der Chronik von Diebold Schilling von Luzern 1513: Heimo Am Grund von Stans sucht im Ranft den Rat des Eremiten.

Eine wunderbare Heilung durch Bruder Klaus

Von Gertrud Huber-Brast †

Leidenszeit

Anscheinend teilnahmslos liege ich auf der Untersuchungsbank bei einem für mich fremden Arzt. Innerlich aber bin ich aufgewühlt und entschlossen, nicht wegzugehen, bis ich wissen würde, wie es um meine Gesundheit steht. Ich weiss wohl, dass ich schwer krank bin und ich ahne auch, dass es wahrscheinlich zu keiner völligen Genesung mehr kommen wird.

Der grosse Professor hat ja nach meinen schweren Operationen gesagt: «Was im menschlichen Wissen und Können steht, haben wir getan; was nun weiter mit Ihnen geschieht, liegt in den Händen einer höheren Macht.»

Ich habe alle Fragen des Arztes beantwortet und nun untersucht er das ständig fliessende und rasch um sich greifende Ekzem an meinem Körper.

Insgeheim hoffe ich, er würde jetzt offen über meinen Zustand mit mir reden, doch ich sehe mich bitter enttäuscht. Sein Gesicht bleibt ernst und undurchdringlich, als er mir anrät, unverzüglich in die Klinik zurückzukehren.

«Und meine schlechten Augen?», frage ich ob seinem verschlossenen Gesicht fast schüchtern. «Ich bin nicht Augenarzt, alles hängt aber sehr wahrscheinlich mit Ihrem Grundleiden zusammen.» Dann steht er auf, schreibt ein Rezept und gibt es mir mit den Worten: «Das ist eine lindernde Salbe gegen das Ekzem, tragen Sie diese auf, und noch einmal rate ich Ihnen, gehen Sie in die Klinik zurück.»

Dann stehe ich auf der Strasse, in meiner Hand einen weissen Zettel mit ein paar lateinischen Wörtern und ein paar Zahlen. – Wieder nichts, immer das gleiche. Jeder Arzt schweigt und schiebt mich in die Klinik zurück.

Ich will aber nicht mehr in die Klinik, denn dann wird alles auskommen, was ich seit langer, langer Zeit für mich geheim halte – das Schreckliche, das, was mich zum Wahnsinn treibt, die Angst vor dem Irrenhaus.

Niemand weiss, dass ich nicht mehr denken kann, dass mit jedem Tag mein Gedächtnis schwächer wird, dass ich die Namen der Nachbarn und der Verwandten vergesse. Wenn der grosse Professor der Klinik wüsste, dass ich den Wirklichkeitssinn verloren habe, des Nachts in der Wohnung herumgeistere und laut meinen eigenen Namen und die Namen meiner Kinder vor mich hinsage, um mich gewaltsam in der Wirklichkeit festzuhalten.

Wenn er wüsste, wie ich leide und wie in meiner Brust der Stein zu einem Brocken wird, der mich eines Tages erdrücken muss, wenn nicht vorher etwas geschieht.

Es wird aber etwas geschehen, wenn ich nicht schweige oder wenn ich in die Klinik zurückgehe. Die Klinik wird sich ins Irrenhaus verwandeln und ich werde in meiner Not und Verzweiflung den Schwestern ins Ge-

Gertrud Huber-Brast aus Frauenfeld – die Stifterin der ökumenischen Bruder-Klausen-Kapelle in Frauenfeld.
Geboren am 27. Februar 1900
Gestorben am 23. November 1982

sicht schlagen, an den vergitterten Fenstern hängen und nach meiner Freiheit rufen.

Was tun? Der weisse Zettel in meiner Hand wird heiss, die Leute gehen an mir vorüber – fröhliche, lachende Menschen – gesunde Menschen! Langsam schleppe ich mich in die nahe Apotheke. Ein sympathischer Herr in den mittleren Jahren prüft das Rezept und bittet mich zu warten. Dann nimmt er verschiedene Gläser vom Regal und rührt die Salbe.

Jetzt oder nie, denke ich und beginne zu reden: «Woran mag wohl meine Mutter leiden, sie hat neben diesem schrecklichen Ekzem Gehirnstörungen, glaubt den Verstand zu verlieren und sieht bald nichts mehr?»

«Hatte Ihre Mutter immer mit den Nieren zu tun?», fragt der Apotheker und rührt weiter. «Ja», antworte ich, und mein Herzschlag setzt beinahe aus.

Wenn nun der Apotheker aufsieht, wird ihm das verräterische Rot auf meinem Gesicht auffallen. Er aber füllt die Salbe in den Topf und sagt: «Es könnte eine Urämie sein, rufen Sie bei weiteren Störungen den Arzt, es lässt sich mit solchen Vergiftungen nicht spassen.»

Mein Ziel ist erreicht! Urämie hat er gesagt. So, nun weiss ich endlich, was ich habe; nun kann ich handeln und nun werde ich schweigen bis zum Ende.

Niemand wird mich ins Irrenhaus schleppen, es wird für mich keine Mauern, keine vergitterten Fenster geben. Ich werde durchhalten – aber wie, das wusste ich noch nicht.

Die Homöopathin

Da ich nun weiss, dass das Ende dieser Krankheit sich im Irrenhaus abspielen wird, spreche ich mit keinem Menschen über meinen wahren Zustand.

Ich verstelle mich, heuchle Interesse an Dingen, die mich längst nicht mehr interessieren. Ich lebe ein Doppelleben. Das Alleinsein, die Angst vor dem schrecklichen Gespenst des Irrewerdens, reiben mich innerlich auf.

Da treibt mich die Not zu einer im Volk bekannten Homöopathin. Die Frau erschrickt, wie sie mir durch den Apparat in die Augen schaut. Sie heisst mich in einem Zimmer ruhen, bis die andern behandelt sind.

Dann kommt sie, setzt sich neben mich und redet auf mich ein. Ich weiss nicht recht, was sie will, angsterfüllt starre ich sie an. Ich zittere – da entschwindet sie mir, wird lang und schmal, verflüchtigt sich zu einem kleinen Punkt – der Punkt vergrössert sich, nimmt Gestalt an, und wieder ist sie da.

Sie springt auf, streift den Ärmel ihrer weissen Schürze zurück, blickt auf die Uhr und dann auf mich.

Ihre Stirn ist umwölkt, und Entschlossenheit liegt in ihrem ganzen Wesen wie sie sagt: «Bitte reisen Sie sofort ab, es ist noch nicht ganz acht Uhr. Sie können unmöglich da oben bleiben, ich kann Ihnen nicht helfen und will mit den Ärzten, die Sie operierten, nichts zu tun haben!» Hoffnungslos fahre ich nach Hause.

Dunkel

Meine Verstellungskunst hält nicht lange an. Qualvoll sind die Tage, qualvoller die Nächte. Mit keinem Menschen kann ich reden; was sie sprechen, vergesse ich sofort und der Faden lässt sich nicht mehr anknüpfen.

Auch die Menschen selber verflüchtigen sich, werden nebelhaft, um dann fast körperlos wieder aufzutauchen. Da werde ich menschenscheu, schliesse mich ab und steuere hilflos dem Abgrund zu.

Meine letzte selbständige Handlung ist der Gang auf den Friedhof. Das Totenglöcklein ruft und ich folge ihm. Hinter einem Strauch versteckt sehe ich den Sarg in die Erde sinken. Schönheit, Reichtum und Ehre, nichts vermag in mir Neid zu wecken – aber der unbekannte Tote lehrt mich den Neid.

Trostlos gehe ich auf Umwegen heim. «Nimm dir das Leben, du kommst ja doch ins Irrenhaus», flüstert der Neid und malt mir die Ruhe des Toten in herrlichen Farben aus.

Zwei Mächte gesellen sich zu meinem Leid: Das Böse und das Gute. Das Böse rät mir zum Selbstmord, das Gute führt mich eines Morgens zur Kirche.

Verloren und wesenlos sitze ich in der hintersten Bank und verfolge die Handlungen des Priesters. Nachher begebe ich mich nach Hause.

Der Priester

Es ist Herbst. Eingewickelt in Decken liege ich im Garten einer Kuranstalt. Eben legt die Schwester eine weitere Decke über mich und entfernt sich; ihre eiligen Schritte verhallen auf dem Kies. Sie weiss nichts von mir, nur das, was ihr die Direktion aus dem Attest des Arztes mitgeteilt hat. Das genügt. Aus ihrem zurückhaltenden Benehmen zu schliessen, bin ich ein hoffnungsloser Fall für sie. Gewissenhaft, genau tut sie ihre Pflicht, gibt mir die Pillen, macht die Spritzen, bringt mich zu Bett und bettet mich bei gutem Wetter in den Garten. Die Hilfsschwester folgt ihren Fussstapfen. Auch die Ärzte schweigen; das bin ich gewohnt. Die anderen Patienten gehen verlegen an mir vorbei. Alle aber wissen und sind sich einig, dass dies das Ende für mich ist.

«Grüss Gott», sagt eine Stimme neben mir. Ich wende den Kopf. Ein Priester. – Sekundenlang hängt mein Blick fragend an der schwarzen Gestalt. Was will er wohl? «Was fehlt Ihnen, sind Sie so krank?», fragt er und sieht mich teilnahmsvoll an.

Schon füllen sich meine Augen mit Tränen, die ich mit der Hand verschämt abwische. Er holt einen Stuhl und setzt sich zu mir. «Können Sie mir nun sagen, wie es kommt, dass Sie so elend sind?»

In unzusammenhängenden Worten erzähle ich ihm von den schweren Operationen, vom letzten Besuch des Professors und seinen Worten: «Wir haben alles getan, was im menschlichen Können liegt, was weiter mit Ihnen geschieht, liegt in den Händen des Allerhöchsten.»

«Ein wunderbarer Arzt hat Sie operiert, ein gläubiger Mensch – wenn es nur viele solche gäbe.»

Seine guten Worte tun mir wohl, und zum erstenmal rede ich von meiner schrecklichen Angst und schildere ihm meinen Zustand. «Glauben Sie, Herr Pfarrer, dass ich ins Irrenhaus komme?» «Nein» sagt er. Das Nein klingt so überzeugend. «Es gibt noch Wunder und Gebetserhörungen. Kennen Sie Niklaus von Flüe, den grossen Beter und Faster von Sachseln? Sie haben gewiss in der Schule schon von ihm gehört.»

Dann erzählt er mir von Bruder Klaus, von seinem gottgeweihten Leben. «Bruder Klaus ist bestimmt bei Gott und Christus, unserem Herrn, und an seinem Grabe geschehen Wunder. Gehen Sie einmal zu ihm, sagen Sie ihm alles. Dort wird Sie niemand ins Irrenhaus bringen, dort werden Sie Ihre Angst los. Ein Sprichwort heisst ja: Es führen viele Wege nach Rom, und viele Wege zu Gott.»

«Aber ich bin reformiert.» Da lächelt der Priester und sagt: «Niklaus von Flüe fragt bestimmt nicht: Bist du katholisch, bist du reformiert, er fragt nur: Glaubst du an Gott? Und das tun Sie doch, nicht wahr?» «Ja, das tue ich.» «Sie können also ruhig zu ihm gehen, er wird Ihre Bitten schon am rechten Ort vorbringen.»

Ich schaue ihn an und dann sagt der Priester halb schelmisch: «Und dann wird im Himmel beraten, was man mit dieser Frau da unten vorhat – ob sie noch nötig ist, oder ob sie vielleicht gar im Himmel gebraucht wird. Gehen Sie also nach Sachseln und es wird sicher alles gut.»

Er sieht nach der Uhr, steht auf, stellt den Stuhl weg und reicht mir die Hand, während er spricht: «Haben Sie nur Vertrauen, Gott verlässt uns nicht.»

Zweifel

«Haben Sie den Priester gesehen?», frage ich die Schwester, wie sie mich hereinholt. Sie schaut mich forschend an, verneint und fährt mit ihrer Arbeit fort. «Haben Sie den Priester auch nicht gesehen?», frage ich die Hilfsschwester. «Einen Priester, wo soll er denn auf einmal hergekommen sein?»

Die beiden wechseln Blicke, und ich weiss, dass sie mir nicht glauben. Sie bringen mich zu Bett. Während die Schwester das Zimmer ordnet, hole ich in meinem armen, zerquälten Hirn den Priester zurück. Er hatte doch dunkle Augen und ein gütiges Lächeln um den Mund. Er erzählte von Gott, von Niklaus von Flüe aus Sachseln. Noch nie sprach ein Mensch so liebevoll mit mir. «Natürlich war er da!» Ich rufe es laut, schreiend.

Die Schwester wendet sich, sieht mich an und sagt: «Das ist doch nur eine fixe Idee, eine Einbildung, die mit Ihrer Krankheit zusammenhängt. Ich kann Sie doch nicht unterstützen.» Da sitze ich auf, presse die Hände an meine Brust und weine laut und unbeherrscht. Die Schwester schaut mich an, scheint die Geduld zu verlieren und sagt:

«Überhaupt – », dann spricht sie nicht weiter, meine entsetzten Augen heissen sie schweigen. «Überhaupt», hat sie gesagt, das heisst bei ihr wohl so viel wie Irrenhaus. Felsenfest bin ich überzeugt, dass ich die letzte Nacht in diesem Hause bin.

Ich muss fort, noch diese Nacht, morgen ist es zu spät. Morgen würde ich hinter grauen Mauern und vergitterten Fenstern versinken. Im Hause wird es ruhig. Die letzten Züge fahren vorbei, es mag elf Uhr sein. Morgens um 5.45 Uhr fährt der erste Zug nach Zürich. Ich sitze auf im Bett: Der erste Zug!

Flucht aus der Kuranstalt*

Vom nahen Kirchturm schlägt es vier Uhr. Ich erhebe mich, gehe leise zur Tür und drücke die Falle. Die Tür ist unverschlossen. Vorsichtig öffne ich Schublade und Schrank, suche die Kleider und ziehe mich an. Schlottrig hängen die Kleider, schlottrig sind die Knie; die Hände aber gleichen denen einer Toten.

**Nach Auskunft von Frau Susanna Schweri, Koblenz, handelt es sich um das Hotel Sonne im Kurort Mumpf bei Rheinfelden. Das über 400-jährige Hotel brannte 1984 vollständig ab und wurde nicht wieder aufgebaut. Die Angaben von Gertrud Huber: knarrende Holztreppe, Vorder- und Hinterausgang, nur 30 m von der Kirche entfernt, konnten als zutreffend recherchiert werden.*

Ich betrachte mein Spiegelbild. Nun verstehe ich die Schwester und verzeihe ihr. Dieses Gesicht – fahle Blässe, Haut und Knochen. Diese angsterfüllten, schrecklichen Augen – das ist das Ende. Das Ende wird sich aber weder hier noch im Irrenhaus abspielen, sondern dort, wo der Priester mich hinschickt: in Sachseln.

«Ich gehe zum Arzt», schreibe ich auf einen Zettel und lege ihn auf den Tisch. Dann knüpfe ich ein Tuch um den Kopf, nehme die Tasche und die Schuhe und verlasse das Zimmer.

Leise schleiche ich die teppichbelegte Treppe hinunter. Das Holz des alten Geländers ächzt, die Treppe knarrt. Sekundenlang stehe ich auf jedem Tritt und lausche, alles ist still. Ich kenne die beiden grossen Ausgangstüren, eine führt in den Garten, eine auf die Strasse. Im Notfall könnte ich im unteren Stock durchs Fenster schlüpfen.

Im Dunkeln taste ich mich vorwärts und stehe an der Tür. Ich ergreife den grossen Schlüssel und drehe um. Das Schloss knirscht, ich schiebe den Riegel und öffne die Tür. Ein tiefer Atemzug – ich stehe auf der Strasse. Dann ziehe ich die Schuhe an. Ein feiner Regen fällt vom Himmel, und schwankend gehe ich dem Bahnhof zu.

Die Bahnhofsglocke schlägt an und immer noch lehne ich an der Schuppenwand, das Billett wie ein Amulett fest in die Hand gepresst. Der Zug fährt ein. Ich löse mich aus dem Dunkel, trete ins Licht und steige ein. «Gerettet!» denke ich und sinke auf die Bank.

Die Reise

Ich öffne die Augen und fahre mit der Hand über die Stirn. «Wo bin ich?» «Im Schnellzug nach Zürich, was ist Ihnen?», fragt eine freundliche Stimme. Der Schaffner steht vor mir. Schon wieder diese entsetzlichen Tränen, ich kann nicht reden.

Der Schaffner geht hinaus. Dann kommt er zurück, bringt einen Zucker mit einer Flüssigkeit und sagt: «Nehmen Sie das, es tut Ihnen gut. Und nun, wohin wollen Sie und haben Sie ein Billett?» «Nach Sachseln», sage ich, strecke im mein Billett hin und erzähle ihm kurz meine Geschichte. «Aha, zu Bruder Klaus? Das verstehe ich und jetzt werde ich Sie wohl dorthin bringen müssen. Nun, ich tue es gern; ich stehe auf gutem Fuss mit Bruder Klaus, er hat mir auch schon geholfen!»

Dann nimmt er das Kursbuch aus der Tasche, blättert, denkt nach und sagt: «Beim Umsteigen in Zürich und Luzern müssen Sie sich zusammenreissen. Sollten Sie bewusstlos werden, müssen wir Sie ins Krankenhaus bringen. Und jetzt versuchen Sie zu schlafen.»

Das Umsteigen in Zürich geht gut. Streng halte ich mich an die Weisung des gütigen Schaffners und gehe hinter ihm durch die Menschenmenge dem Luzerner Zug zu.

«So, das wäre geschafft, Sie haben sich gut gehalten», lobt er und bringt mich in einer Ecke unter. «Und nun leben Sie wohl.» Ich sehe bestürzt auf; es wäre mir nie der Gedanke gekommen, dass das nicht bis Sachseln so weitergehen würde. «Ich habe den Bernerzug; ich hätte Sie gerne zu Bruder Klaus gebracht, aber Dienst ist eben Dienst. Mein Kollege wird Sie weiterbetreuen.»

Er wünscht mir noch viel Glück, gibt mir die Hand und ich danke ihm bewegt. Dann schwingt er sich vom Trittbrett auf den Boden, redet mit seinem Kollegen und verschwindet in der Menge. In der Ecke sitzend höre ich den Lärm vom Bahnsteig.

Es wird mir übel – ich fahre mit der Hand über die Stirn. Schemenhaft sehe ich die Menschen – lang und schmal werden sie, verschwinden und tauchen zu grotesken Figuren verzerrt wieder auf. Stimmen aus weiter Ferne, alles lärmt, und der Lärm wird zu einem Brausen.

Ich halte die Ohren zu, flüchte in meinen Mantel und schliesse die Augen. «Mein Gott», denke ich, «jetzt bin ich gestorben und in der Hölle – ich werde wahnsinnig!» Der Stein in meiner Brust droht mich zu erdrücken. «Bin ich wirklich da? Nein, ich bin es nicht, das ist alles ein Traum – unwirklich!» Ich öffne die Augen. «Einbildung», hat die Schwester gesagt, «es hängt alles mit Ihrer Krankheit zusammen.»

Vorsichtig hebe ich den Mantel und ich sehe das Kleid, die Schuhe, die Strümpfe – diese sind verdreht, und krumm liegt die Naht auf dem ganzen Bein. Wenn ich nur wüsste, ob ich wirklich da sei oder ob ich in der Kuranstalt in meinem Bett erwache? Wenn ich hätte schreien können, dann hätte ich meine Stimme gehört. «Wer schreit, wird versorgt», hat einmal die Hilfsschwester gesagt. Wohl hat sie es im Scherz gesprochen, aber ich habe den Unterton herausgespürt.

Ein Ruck, Türen werden zugeschlagen; der Zug fährt ab. Das beruhigt mich. «Du musst ganz ruhig sein», sage ich zu mir, «das hört alles auf. Wenn du erst in der Kirche bist, dann kannst du wieder denken, wieder essen und schlafen. Dort wird das Wunder geschehen. Mit weichen, sanften Händen wirst du in den Himmel getragen, oder du wirst leben und gesund sein.» So ähnlich hat der Priester gesprochen. Ich schlafe ein.

Der Schaffner weckt mich. «Wir sind in Luzern.» Verstört stehe ich auf und gehe wortlos neben ihm.

Und wieder sitze ich in der Ecke und wieder lärmen die Menschen. Sie sind mir etwas näher gerückt und sehen etwas natürlicher aus. Ich falle nicht mehr in diesen schrecklichen Zustand. Verstohlen betrachte ich sie. «Sarnen!», ruft der Schaffner, und das Coupé leert sich. Dann kommt er zu mir und sagt: «In zehn Minuten sind wir in Sachseln.»

Sachseln

Der Vorstand hebt die Kelle, spricht ein paar Worte mit dem Gehilfen und kommt zu mir mit den Worten: «Ich begleite Sie ein paar Schritte, können Sie gehen?»

«Ja», sage ich und gehe vorsichtig an seiner Seite. Die kräftige, gesunde Gestalt gibt mir Kraft. «Das ist der Bruder-Klausen-Brunnen und dort ist die Kirche.»

Er zeigt mit der Hand, und ich sehe verschwommen in weiter Ferne das Portal. «Ich habe wieder Dienst und Sie gehen wohl gerne allein.»

Er grüsst freundlich, schaut mich an und ich spüre sein Mitleid. Dann geht er langsam und nachdenklich die Strasse hinunter.

Einer Nachtwandlerin gleich gehe ich der Kirche zu; fasziniert hängt mein Blick am reichgeschnitzten Portal. Andächtig und scheu stosse ich es auf.

Ich stehe im Mittelgang, die Kirche ist leer. Weihrauchduft liegt in der Luft, Altäre, Bilder, Blumen, grosse brennende Kerzen und vorn im Altarraum der Glassarg mit Bruder Klaus.

«Bin ich wirklich da, wache ich oder bin ich gestorben?» Da, das herrliche Gemälde! Ich blicke auf – das Bild wird lang und schmal und verflüchtigt sich in weiter Ferne.

Mir wird übel – ich gehe zurück, halte mich – ein wildes Chaos, Kanzel, Decke, Fenster, alles fällt – abwehrend hebe ich die Hände.

Wie ich erwache, liege ich auf der Bank. Ein besorgtes, gütiges Frauengesicht beugt sich über mich und tröpfelt Weihwasser auf meine Stirne. «Gottlob», sagt sie, «ich fand Sie bewusstlos. Geht es Ihnen besser?» «Ja», sage ich und versuche aufzustehen.

Ratlos steht die Frau mit dem nassen Tüchlein in der Hand neben mir. «Soll ich jemanden holen?» «Oh, bitte nein», sage ich und schaue sie flehend an. Sie versteht mich, stellt meine Tasche neben mich hin und flüstert: «Ich werde wieder nach Ihnen sehen.» Dann verlässt sie die Kirche.

Ich aber lege den Kopf auf meine Arme und fühle mich geborgen. Die Menschen kommen und gehen. Sie beten oder betrachten die schöne Kirche. Niemand kümmert sich um mich, niemand fragt. Hie und da sehe ich meine Betreuerin. Sie behält mich im Auge, sie wird schon alles besorgen.

«Die Kirche wird geschlossen.» Die Frau berührt mich und ich komme aus weiter Ferne zurück. Da nimmt sie die Tasche und ergreift meine Hand. «Kommen Sie!» Sie führt mich wortlos dem nahen Gasthof zu. Willenlos füge ich mich ihren Anordnungen.

Den weissen gestärkten Fenstervorhang schlage ich zurück und betrachte die Kirche. Schwach ist sie durch eine Strassenlaterne beleuchtet.

Der hohe Turm – mein Blick streift hinauf – bleibt in den Wolken hängen. Dort oben wird entschieden! – Dann lege ich mich ins Bett.

Die Pfarrkirche von Sachseln, in welcher sich der Sarkophag des hl. Bruder Klaus befindet, und wo Ida Jeker und Gertrud Huber-Brast Heilung und Trost suchten und fanden.

Licht

Angelehnt an die Kirchenwand warte ich, bis die Kirche geöffnet wird. Im nahen Pfarrhof ist Licht, so kann ich mich in der Zeit nicht stark geirrt haben. Da endlich Schritte, der Schlüssel dreht sich. Ich drücke die schwere, eiserne Türfalle und stehe im matt erleuchteten Gotteshaus.

Der Altardiener zündet die Kerzen an, und immer noch lehne ich verborgen an einer Säule. Vereinzelte Gläubige treten ein; verstreut setzen sie sich in die Bänke. Meine Bank von gestern ist noch unbesetzt, und leise setze ich mich nieder.

Aus der Sakristei tritt der Priester, begleitet von zwei kleinen Knaben. Der Gottesdienst beginnt. Der Priester schlägt das grosse Messbuch auf. Unverwandt sehe ich ihn an, mir wird wohl und ruhig ums Herz. «Es kann mir nichts geschehen», denke ich. Da ertönt ein Glöcklein. Die Gläubigen knien nieder – atemlose Stille. Der Priester hebt die Hostie und er hebt den Kelch. Jetzt gehen einige Frauen nach vorn und bald wird die Kirche leer.

Mich fröstelt und ich ziehe den Mantel fester um mich. Eine grosse Müdigkeit überfällt mich. Hier will ich bleiben, bis etwas geschieht, und wenn es Tage dauern sollte. Hier ist mir wohl. Ich schliesse die Augen – Orgelklang ertönt und die Musik fällt in meine Seele. «Bin ich jetzt gestorben?»

Nein, ich lebe! Kinder treten ein, begleitet von Schwestern. Die Bänke füllen sich. Ich trete aus meiner Bank und gehe in die hinterste Ecke. Dort halte ich mich verborgen vor den fragenden Augen der vielen Kinder. Die Messe beginnt, die Kinder singen, und andächtig lausche ich den jungen Stimmen. Mir ist wohl, hier fühle ich mich daheim – hier, auf diesem geheiligten Boden.

Dann wird die Kirche leer und ich gehe an meinen alten Platz zurück. Der Kirchendiener löscht die Lichter, nur zwei grosse Kerzen brennen am Bruder-Klausen-Altar. Halbdunkel ist die Kirche. Ganz allein sitze ich da. Ich falte die Hände und ich bete. Nein, das ist kein Gebet, ich kann nicht beten. Die Worte des «Unser Vater» entfallen mir. Da werde ich mir aufs neue meines Zustandes bewusst. Ich weine verzweifelt.

Dann gehe ich nach vorn; dort wo die Kinder knieten, knie auch ich nieder. «Herrgott, lass mich nicht irre werden, hilf mir!» Die Verzweiflung, die Angst und die Not packen mich und werfen mich nieder. Armselig, hingeworfen vor dem Altar, klage ich mein Leid. Alles rede ich von mir. Nein, ich habe nicht gebetet, es war ein Schrei, ein Hilferuf: «Herrgott, Bruder Klaus, helft mir!» «Und weiche, sanfte Hände werden dich in den Himmel tragen.» Ich öffne die Augen, ich liege da, die Kerzen flackern, alles ist still. Ich sehe auf. Durch das Fenster fällt Licht, strahlendes Licht; die Sonne ist aufgegangen. Golden fallen ihre Strahlen auf die Altäre. Ich sehe die Sonne, ich sehe die Altäre und ich sehe mich.

Ein Stein fällt mir von der Seele – ich fasse an den Kopf. Frei und leicht ist mir wie nie! «Ich kann denken, ich kann denken! All das ist Wirklichkeit. Mein Gott, ich kann denken! Ich lebe, ich bin gesund, ich muss nicht ins Irrenhaus. Gott hat mich erhört, ich kann denken!»

Ich gehe durch die Kirche, ich stehe vor Bruder Klaus. «Bruder Klaus, ich kann denken, ich danke Dir!» Ich stehe vor dem Marienaltar. «Maria, ich kann denken!» – Sie lächelt. Ein Jubel erfasst mich. «Ich kann denken, ich kann arbeiten, ich kann nach Hause!»

Ich fühle Hunger; ich gehe in den Gasthof und bestelle mit klarer Stimme eine Tasse Kaffee und ein Brötchen. Das Fräulein stellt das Gewünschte vor mich hin und ich bezahle. «Wenn das Fräulein wüsste, dass eben in der Kirche drüben etwas ganz Grosses geschehen ist!» Ich aber sage nichts, nein, von diesem Geschehen kann ich nicht sprechen, am wenigsten in einem Gasthof.

Ich fahre heim – gesund – und rede mit meinem Mann. Wir beschliessen, dies alles für uns zu behalten.

Nachher

Viele Jahre sind seither vergangen; ich blieb gesund. Sachseln ist mir zur zweiten Heimat geworden, mit allen meinen Anliegen fahre ich dorthin. Ich sitze in der Bank wie damals, vergegenwärtige mir die schreckliche Krankheit und vergesse nie zu danken.

So wäre das geblieben bis zu meinem Tod, und ich hätte das Geheimnis meiner Heilung mit ins Grab genommen, wenn nicht etwas ganz Eigentümliches dazu gekommen wäre.

Wieder einmal komme ich von einer Wallfahrt zurück. In einem ganz schweren Anliegen hat mich Bruder Klaus erhört. Auch diese Erhörung will ich für mich allein behalten. Diesmal aber werde ich unruhig, schlafe schlecht und fühle mich bedrückt.

«Warum stehst du nicht zur Sache, warum bist du so feige? Hast du Angst, weil du reformiert bist, fürchtest du dich vor den Verwandten, Bekannten? Glaubst du, dass man dich auslacht, verspottet oder gar für verrückt hält?

Warum redest du nicht, und warum bekennst du diese grossen und kleinen Erhörungen in Sachseln nicht? Du bist doch sonst ein freier Mensch und redest und tust alles, was dir beliebt.»

Alle diese Gedanken peinigen mich und lassen mich nicht mehr los. Wenigstens will ich einmal mit meinem Bruder reden. Er ist sehr intelligent, belesen und kann mir sicher raten.

«Hände weg», sagt er. «Lass die Dinge, wie sie sind, und sage niemandem etwas von dem, was du in Sachseln erlebtest. Das ist alles Glaubenssache und rein persönlich. Menschen, die nichts glauben, lachen nur. Auch die andern, die nicht der katholischen Kirche angehören, verstehen das nicht. Wir Reformierte, und zu denen gehörst du meines Erachtens ja auch, anerkennen keine Wunder.»

Er redet ganz, wie ich denke. Ich kann nichts unternehmen, will ich mich nicht der Kritik und den Spötteleien aussetzen. Feigheit und Menschenfurcht! Vor diesen zwei Worten flüchte ich. Ich betäube mich, veranstalte Spielabende, gehe aus, mache Besuche und lebe ganz an der Oberfläche.

Die Kapelle

Es ist Sommer. Eben komme ich von einem bunten, fröhlichen Sommerabendfest heim. Eigentlich bin ich unbefriedigt. Das Festen liegt mir nicht, aber doch überlege ich schon wieder, was ich weiter unternehmen könnte. Langsam ziehe ich mich aus, summe eine Melodie, hänge das leichte, schöne Sommerkleid in den Schrank, lege mich ins Bett und versuche zu schlafen.

Doch was ist das? Bin ich eingeschlafen oder habe ich geträumt?

Auf der Anhöhe unserer Stadt sehe ich eine kleine Kapelle. Anmutig, schlicht und einfach steht sie da. Was soll denn diese Kapelle? Wir haben doch heute Abend von allem anderen als von Kapellen gesprochen.

Ich zünde das Licht an, hole ein Buch, versuche zu lesen, aber es geht nicht. Die Buchstaben verschwimmen und vor meinen Augen steht die Kapelle. Habe ich eine Einbildung, fehlt mir etwas, oder hängt das alles mit meinem schlechten Gewissen zusammen?

Die ganze Festerei nützt nichts. Ich muss viel mehr arbeiten, denn die Arbeit ist nützlicher. Dieser Gedanke beruhigt mich und ich schlafe ein.

In aller Frühe erwache ich, während die Sonne ins Zimmer fällt. Ich springe auf, ziehe mich an, gehe in die Waschküche und beginne zu waschen. Die Waschmaschine läuft, der Schaum spritzt auf – vor meinen Augen steht die Kapelle.

Von der schweren Arbeit ermüdet, gehe ich am Abend früh zu Bett, schlafe sofort ein und erwache mitten in der Nacht. Etwas bedrückt und belastet mich. Woran bin ich erwacht? Ich reibe die Augen und denke nach. Ach ja, die Kapelle. In meinem Hirn scheint diese eingemeisselt zu sein. Ich fange an, mich mit ihr zu befassen, und es geht auch nicht lange, bis ich weiss, dass ich sie mit selbst verfassten Spruchkarten aufarbeiten muss.

100'000 Karten ergeben 10'000 Franken.

Das schreibe ich in einer folgenden Nacht auf einen Zettel. Mit niemandem spreche ich über diesen sonderbaren Auftrag, aber bereits verfasse ich die Sprüche und lasse sie drucken. Mit dreihundert Franken bezahle ich die erste Rechnung; dann stehen die Karten versteckt in meinem Zimmer.

Vielleicht muss ich diese Kapelle doch nicht aufarbeiten, vielleicht ist es ein Irrtum. Mit dreihundert Franken eine Kapelle bauen? Das kann ich doch gar nicht. Nein, ich mach mich doch nicht lächerlich.

Ich schiebe die Sache weit weg von mir und spiele Schach. Das zerstreut und bringt mich auf andere Gedanken. Die Gedanken aber schweifen ab und die Figuren formen sich und werden zur Kapelle.

Dann eines Morgens fahre ich nach Sachseln. Es ist inzwischen Spätherbst geworden. Dort werde ich ruhig und still. – Nun kenne ich den Weg. Wie ich heimkomme, rede ich mit meinem Mann. Er sagt: «Natürlich wirst du die Kapelle aufarbeiten, Bruder Klaus wird wohl wissen, was er von dir verlangt.»

Nun gehe ich mit den Musterkarten zu den beiden Pfarrherren unserer Stadt und erkläre ihnen alles. Der reformierte Pfarrherr nimmt Kenntnis davon. Der katholische Geistliche spricht seine Bedenken aus, sieht aber meinen guten Willen und gibt mir eine Empfehlung mit auf meinen Weg.

Das Kirchenversprechen

Das Kirchenversprechen ist abgelegt. Im Studierzimmer stehe ich dem geistlichen Herrn gegenüber, um dessen Mund ein eigentümliches, ironisches Lächeln spielt. Ich kann es nicht deuten.

Viel später kommt mir dieses Lächeln wieder in den Sinn. Auch die Gesinnung dieses Priesters kenne ich nicht. Erst dieser Auftrag von Bruder Klaus bringt mich mit den Geistlichen beider Konfessionen in eine engere Beziehung. Ein «gwundriger Herr» scheint er jedenfalls nicht zu sein, denn er fragt nicht lange nach dem Grund dieses seltenen Versprechens. Er gibt mir eine Empfehlung mit auf meinen Weg und ich begebe mich erleichtert nach Hause.

Der erste Weg

Fast alle Inhaber der Papeteriegeschäfte unserer Stadt kennen mich. Es wird darum leicht sein, die Karten dort abzusetzen. Aus diesem Grunde entschliesse ich mich für diesen einfachen Weg. Frühmorgens am folgenden Tag betrete ich das mir bekannteste Geschäft.

Es sind schon Kunden da und ich warte bei der Tür bis die Reihe an mich kommt. Ich bin überzeugt, dass man mir hier ohne weiteres 100 bis 200 Karten abnehmen wird, denn dieses Geschäft ist bekannt durch seinen grossen Umsatz.

«Bitte, was wünschen Sie?» Eine Ladentochter redet mich an und ich bringe mein Anliegen vor. «Ich darf mit Vertretern nicht verhandeln», sagt sie und verschwindet im Nebenzimmer.

Einige Minuten später kommt sie mit der Geschäftsinhaberin zurück. Diese ist äusserst erstaunt, mich nicht als Kundin, sondern als Bittstellerin zu sehen.

Der Unterschied in ihrem Benehmen ist verblüffend. Kalt und kritisch betrachtet sie die Karten, prüft das Papier, liest stirnrunzelnd die Sprüche und fragt nach dem Preis. «Was – 15 Rappen! So muss ich sie ja selber verkaufen. Das wäre ein schlechtes Geschäft. Zudem dieses dunkle Papier!» Auf das Feilschen verstehe ich mich nicht, bin ich doch fremd auf diesem Gebiet.

Vor etwas Neuem und Schrecklichem stehe ich. Die Demütigung treibt mir das Blut ins Gesicht. Ist das die gleiche Frau, die sonst so liebenswürdig nach meinen Wünschen fragt? Es kommt zu keinem Abschluss. Ich verlasse das Geschäft und suche das nächste auf.

Auch da ist eine Bekannte von mir. In einer blütenweissen Schürze, die Haare und Hände gepflegt, kommt sie lächelnd auf mich zu.

Doch das Lächeln erlöscht und macht einem bedauernden Ausdruck Platz. «Geht es Ihnen und Ihrer Familie so schlecht, dass Sie auf die Idee kommen, Karten zu verkaufen?»

Ich kann nicht antworten, wie geschlagen stehe ich vor dieser Frau. Dann kommt eine Kundin und verlegen grüssend verlasse ich das Geschäft.

Nicht aufgeben, denke ich und langsam, zögernd betrete ich das dritte Geschäft. Der Geschäftsführer steht protzig da und rügt eine junge Lehrtochter, die auf einer Leiter steht und Hefte ordnet. Ihm scheint die ganze Welt zu gehören.

Selbstsicher schaut er um sich, dann sieht er mich, kommt freundlich auf mich zu und fragt nach meinen Wünschen. Schüchtern zeige ich ihm die Karten.

«Was, diese frommen Sprüche wollen Sie verkaufen?! Mit diesem Zeug kommen Sie nicht weit, das ist vorüber. Wir leben in einem aufgeschlossenen, neuen Zeitalter.» Er wendet sich ab und ich stehe wieder auf der Strasse.

Zuletzt versuche ich es noch bei einem Kiosk. «Diese Karten kann ich unmöglich verkaufen», sagt die Frau brüsk. «Entwerfen Sie Glückwunschkarten mit einem vierblättrigen Kleeblatt, einem Schweinchen oder einem Kaminfegerli, mit den Jahrzahlen 10 bis 80, 70 und 80 brauche ich nicht viel, aber so zwei bis drei Stück können Sie gleichwohl aufschreiben.»

Da gehe ich heim. An diesem einen Tag habe ich viel gelernt. Seither habe ich ein grosses Verständnis und teilweises Bedauern mit Vertretern und Hausierern.

Der zweite Weg

Ich habe ein priesterliches Attest. Vor lauter Enttäuschungen hätte ich es beinahe vergessen. Es ist eine schöne Empfehlung, die ich mit dem wortkargen Priester fast nicht zusammenreimen kann. Wahrscheinlich hat sie ihm Bruder Klaus diktiert, denke ich und suche sie hervor. Einige Kopien davon sind bald gemacht. Dazu schreibe ich Kartenbriefe, hundert an der Zahl, alle einzeln von Hand.

Mein Rücken schmerzt, der Schreibkrampf kommt dazu und es wird mir fast übel vom ungewohnten Schreiben. Doch auch das geht vorüber.

Schön sauber liegen die Briefe da und werden zusammen mit einigen Musterkarten verschickt.

Dann warte ich – einen Tag, zwei Tage – alles bleibt ruhig. Es kommt weder eine Antwort, noch eine Bestellung. Aber am dritten Tage – nie in meinem ganzen Leben vergesse ich diese Briefinvasion! Die Briefe kommen zurück, aufgerissen, zerknittert, teilweise mit Strafporto überklebt. Entsetzt flüchte ich vor diesen vielen Retouren, Angriffen und Ablehnungen.

Die priesterliche Empfehlung hat wenig genützt. «Wir brauchen keine Kapelle, haben genug leere Kirchen», heisst es mit roter Tinte über meinen eigenen Brief geschrieben. «Im 20. Jahrhundert kann man mit Karten keine Kapelle mehr aufschaffen, geben Sie das nur wieder auf», schreibt ein anderer.

Eine ganz grobe Antwort ist: «Idealismus ist ja schön, heute aber undurchführbar. Ich rate Ihnen, kommen Sie besser wieder auf realen Boden zurück.»

Jemand schreibt: «Wir haben so viele Anliegen, was wollen nun noch Sie die Leute mit einer solch dummen Idee belasten.»

Das sind nur einige wenige Beispiele aus all den Retouren. Viele behalten die Karten ohne sie zu bezahlen oder werfen sie wohl weg. Doch einige fallen auf guten Boden, einige wenige. Das Geld wird einbezahlt, manchmal mit einem aufmunternden, freundlichen Wort.

Eine Gabe von Fr. 20.- bringt mich in eine unglaubliche Dankbarkeit. An alle diese guten Menschen klammere ich mich, an jene, die meinen guten Willen sehen. Ihnen verdanke ich es, dass ich den Mut nicht verliere.

An Demütigungen und Niederlagen schon ordentlich gewöhnt, sende ich Karten an verschiedene Institute der Schweiz und siehe – die Lehrerinnen und Schülerinnen freuen sich an der grossen Idee und auch an den Sprüchen. Das Konto steigt auf Fr. 2'000.-.

Der dritte Wag

Ich sitze in der hintersten Bank in der Kirche und frage nach dem neuen Weg, den ich nun einschlagen soll. Die Institute sind beliefert, die Papeterien besucht und die schriftliche Propaganda ist gemacht, mir graut, wenn ich daran denke. Nein, ich werde niemandem mehr schreiben. Es gibt wahrscheinlich nur noch einen Weg: den persönlichen.

Wer hilft mir? Sind es vielleicht die frommen Frauen, die jeden Tag zur heiligen Messe und zum Tische des Herrn gehen? Natürlich, diese sind es! Ich befasse mich mit ihnen, beobachte sie, dann wage ich den Schritt, es kann bestimmt nicht fehlgehen. Diesmal habe ich schöne, weisse Karten mit weltlichen Sprüchen und einem dazu passenden Bild. Zudem ist es Frühling: Ostern steht vor der Tür, die Menschen sind glücklich, leichter und froh. – Das bin auch ich, wie ich mit dem Rad, mit einem weiten flatternden Rock und einer weissen Bluse bekleidet – einige Serien Karten in der Tasche – einem Aussenquartier zufahre, um meine Kirchenbekannten aufzusuchen.

Es ist Samstagnachmittag. Die Frau putzt die Küche, die Fenster sind weit offen, die Stühle liegen zum Trocknen auf der Fensterbank. Schüchtern klopfe ich an. Da schaut sie auf, trocknet die Hände an der Küchenschürze, nimmt mir den Gruss ab und mustert mich forschend. «Ach, Sie sind es!» Blitzartig ahne ich die Gegnerin. «Haben Sie da Karten für Ihre geplante Bruder-Klaus-Kapelle?»

Etwas Spöttisches liegt im Ton, wie ich die sechs Karten auf den frisch gescheuerten Tisch lege. Nun sind sie der Kritik dieser Frau ausgesetzt. «Also ist es doch wahr, was man in der Stadt erzählt; Sie wollen mit diesen Karten eine Kapelle aufarbeiten.»

Sie legt die Karten wieder aufeinander und gibt sie mir mit den Worten zurück: «Da machen wir nicht mit, die Sache fällt ja sowieso ins Wasser. Überhaupt will ich offen zu Ihnen sein.» Ihre Nase wird spitz, die Finger, die sich an der Tischkante halten, werden krallenartig. «In der Stadt geht das Gerücht, dass Sie verrückt seien. Hören Sie auf mit dieser Geschichte, ich meine es nur gut mit Ihnen.»

Dann geht sie ins Nebenzimmer, weckt ihren Ehemann und kommt mit ihm zurück. Er reibt sich den Schlaf aus den Augen. Auf seiner Wange ist das Motiv des Divankissens abgezeichnet. «Du, es ist nun doch wahr; sieh hier diese Karten.» Flüchtig betrachtet er sie, dann lacht er– sie lachen beide – und ich gehe tief gedemütigt aus dem Hause.

Niedergeschlagen fahre ich heim. Der Rock flattert nicht mehr im Winde – langsam, müde trete ich in die Pedale. Die Sonne hat sich hinter einer Wolke versteckt. Mich fröstelts. – Verrückt! – In der Stadt sagt man, ich sei verrückt. – Dieser Gedanke zermürbt mich. Nur niemanden sehen! Ich wähle eine Nebenstrasse.

Doch was ist das? Hat sich alles gegen mich verschworen? Man ruft mich beim Namen. Ich kann unmöglich ausweichen und steige vom Rad.

Da schauen mich zwei gütige braune fröhliche Augen an. «Ist es wahr, dass wir in einigen Jahren in unserer Stadt eine Bruder-Klaus-Kapelle bekommen? Haben Sie Karten? Darf ich sie einmal sehen?»

Den Namen dieser Frau kenne ich nicht, aber ich habe sie in der Kirche auch schon gesehen. Ich zeige ihr die Karten und sie bestellt 200 Stück, um bei ihren Bekannten den Verkauf durchzuführen.

Einige Wochen später bringt sie mir den Rest zurück mit dem aufrichtigen Rat: «Ich an Ihrer Stelle würde diese Sache aufgeben; fast überall stosse ich auf einen heftigen Widerstand.»

Das mich auslachende Ehepaar geht in Gedanken neben mir; durch die folgenden Jahre hat es mich begleitet. Es ist für mich die Stimme des Volkes in meinem Heimatkanton.

Neben mir geht aber auch die fröhliche Frau mit den lachenden Augen. Sie hat an jenem Samstag den giftigen Stachel, der in mir wühlte, entfernt.

Nein, es halten mich gewiss nicht alle Menschen für verrückt. Es gibt auch noch solche, die an ein Ideal glauben. Diese will ich nicht enttäuschen, sie sollen sich einst an diesem Werk freuen. Diese positiven Gedanken geben mir Ansporn und ich versuche, im angrenzenden Kanton St. Gallen Boden zu fassen.

Das bunte Kirchenfenster

Im Kanton St. Gallen habe ich kaum angefangen, da kommt eine neue Enttäuschung über mich. Der Dekan wünscht mich zu sprechen.

Ich ahne nichts Gutes und bin gar nicht überrascht, ihn missmutig und stirnrunzelnd anzutreffen.

«Ich wünsche, dass Sie diese Kartenaktion abschliessen; ich habe nichts wie unangenehme Anfragen und die Frauen laufen mir ins Haus. Auch viele massgebende Herren fragen, was denn da gespielt werde – das sei doch ein Unsinn, mit Kartenverkauf eine Kapelle aufarbeiten zu wollen.

Ich habe allen Recht gegeben und will Ihnen auch noch sagen, dass die Leute Sie für nicht – normal halten.»

Dass auch er mich zu den Geisteskranken zählt, indem er jedes Wort, das ich sagen will, mit einer Handbewegung abtut, merke ich wohl.

Er fährt weiter: «Ich habe anderes zu tun – übrigens war ein Priester bei mir. Er baut in der Nachbargemeinde eine Bruder-Klausen-Kirche.

Sie können mit dem Geld, das Sie bis jetzt gesammelt haben, ein farbiges Fenster stiften mit der Ranftkapelle oder dem Bild von Bruder Klaus.

Sie sind somit von diesem Kirchenversprechen, das Sie bei mir gemacht haben und von dem niemand Zeuge ist, entbunden.» Dann steht er auf – das heisst, dass auch ich aufstehen muss – und die Unterredung ist beendet.

Der Teufel wartet und erwischt mich

Wie geschlagen gehe ich durch den langen Hausflur. In der nächsten Anlage flüchte ich auf eine Bank.

Da gesellt sich der Teufel zu mir: «Siehst du, so geht es. Nicht einmal ein Priester glaubt dir; er lässt dich nicht reden und hält dich reif fürs Irrenhaus. Gib doch diese Sache auf und lebe wieder dein früheres Leben.»

Du hast vielleicht recht, denke ich, aber ich muss diese Kapelle erstellen, sie ist in mir und keine Macht der Welt bringt mich von diesem Auftrag los; ich finde keine Ruhe, bis sie dort steht, wo sie stehen muss.

Da rückt der Teufel näher zu mir: «Ich will dir helfen, ich verlasse dich nicht. Du sollst zu deinem Gelde kommen. Komm mit mir.»

Er führt mich in eine stille, vornehme Strasse und hält vor einem schönen Haus. «Geh hinein, da wohnt ein reicher kinderloser, aber geiziger Mann. Du kennst ihn wohl, er wird dir Geld geben und du bist deine Sorgen los.»

Natürlich kenne ich ihn. Ich müsste keine Evastochter sein, um nicht zu merken, wie seine Augen aufleuchten, wenn er mich sieht.

Dann sitze ich dem reichen geizigen Mann gegenüber und spiele das Spiel, das mir der Teufel eingibt.

Der Mann in seiner zerrissenen Hausjacke und der schiefsitzenden Kravatte wird weich. «Wieviel Geld wollen Sie?» «Etwa Fr. 10'000.-, Fr. 5'000.- habe ich schon und das andere schaffe ich noch dazu, denn ich lasse Bruder-Klausen-Karten drucken. Das Cliché ist bestellt und kann in einigen Wochen da sein.»

«Was – Fr. 10'000.-?» Er schluckt und ein verzweifelter Blick streift mich durch die schmutzigen Brillengläser. «Ich habe das Geld sauer verdient, Rappen um Rappen gespart und mir nichts gegönnt.» Er kämpft den letzten Kampf, dann gibt er nach.

«Sie müssen den Rest aber dazu tun und Ich gebe das Geld erst, wenn die Kapelle gebaut wird; wir stiften sie somit gemeinsam.

Dann hoffe ich, dass Bruder Klaus mir auch einmal hilft, wenn ich ihm soviel Geld gebe. Zudem will ich die Buchhaltung machen, Ihre Verse korrigieren und sämtliche Karten bestellen.»

Zu all seinen Bedingungen sage ich ja und kehre zum Dekan zurück. Ich erzähle ihm den Handel mit dem reichen Mann, den er sehr gut kennt.

«So, so, dieser gibt Ihnen Geld! Da müssen Sie aber bei ihm einen ganz grossen Stein im Brett haben.» Er lacht ein breites Lachen, steht auf und ich gehe weg.

Der Teufel betrügt mich

Der Teufel hat mich betrogen, das versprochene Judasgeld bringt mir kein Glück. Wohl gehe ich, um die restlichen Karten zu verkaufen, aber ich bin nicht mehr die Frau, die vom Idealismus getrieben lebt und handelt.

Da ich selbst von dem Werk nicht mehr überzeugt bin, kann ich auch niemanden davon überzeugen. Alles geht schief: Die Pfarrherren sind nicht daheim; die Lehrer und Lehrerinnen haben keine Zeit; die Haushälterinnen schütteln mir den Flaumer auf den Kopf.

Da gehe ich in eine Konditorei, trinke Kaffee und warte auf den Abend. Ich falle in mein früheres Leben zurück. Meine alte Spielleidenschaft hat mich gepackt. Ich spiele wieder Schach und Bridge und gewinne. Neben mir steht die Tasche mit den Karten und mahnt mich leise an das, was meine Aufgabe ist, doch ich schiebe sie von mir. Ich gehe auch nicht mehr zur Kirche, denn in ihr werde ich unruhig – sie mahnt, sie klagt. Sie beschwört mich umzukehren, neu anzufangen, den Geldhandel rückgängig zu machen und die Verzeihung Gottes zu erbitten. Das kann und will ich nicht, denn ich gehe weder zum Dekan noch zu meinem Geldgeber.

«Was hilft es dem Menschen, wenn er die ganze Welt gewänne und nähme Schaden an seiner Seele?» Mein Konfirmandenspruch! «Was hilft es dir, wenn du alle Schachpartien der Welt gewinnst und hast dein Werk verraten», mahnt eine innere Stimme.

Ich falle in eine Resignation. Dumpf, brütend lebe ich dahin. Der Geldgeber kommt jeden Tag ins Haus. Er holt sich die Bücher, Hefte und die grünen Postcheckzettel. Mit jedem Stück, das er wegträgt, nimmt er einen Teil meiner Seele mit. Da hasse ich ihn.

Wenn ich diese Kapelle nur wegbrächte; wenn sie nur nicht in mir wäre. Ich stehe nachts auf, gehe im Zimmer umher. Wenn ich nur diesen Mann wegbrächte, wenn ich nur mich wegbrächte, mich selbst, dann wäre Ruhe. Der Teufel hat mich erwischt und schleppt und zerrt mich dorthin, wo er mich haben will. Der Morgen graut, ich sinke aufs Bett. Ein wüster, wirrer Traum weckt mich.

Der Kampf mit dem Teufel

Es sind keine guten Träume, die ich habe. Immer kämpfe ich gegen wilde Tiere, gegen hässliches Gewürm. Immer liege ich in seichtem, trübem Wasser und erwache angsterfüllt. Und wenn ich einmal nicht mehr erwache? Dann werde ich wohl da sein, wo ich hingehöre. Dantes Visionen stehen vor mir auf. – Die Hölle!! Natürlich, das ist die Hölle!

Den dumpfen Kopf in beide Hände vergraben denke ich nach – dann öffne ich das Fenster und atme die Morgenluft. Dunkelheit liegt über der Stadt, nur hie und da ein helles Fenster. Die Frühaufsteher.

Doch was ruft? Die Kirche ruft – komm, komm! Das Glöcklein lockt und der Teufel zerrt. – Geh nicht, das ist alles dummes Zeug! Du gehörst nicht dorthin, bist reformiert! Ich ziehe mich an, er krallt sich an mir fest. Ein Kampf, ich springe aus dem Haus, ein Tuch um die wirren Haare.

Dann bin ich in der Kirche. Der Priester hebt die Hostie – er hebt den Kelch – ich sinke auf die Bank, es schüttelt mich. «Nimm mich wieder auf, Herrgott, verzeih mir! Bruder Klaus, zeige mir den Weg, den ich gehen soll, hilf mir!»

Dann gehe ich heim, es ist Tag geworden. Eine grosse Ruhe und Stille ist in mir. Ich stelle das Frühstück auf; mein Mann und die Kinder essen – niemand ahnt etwas. Um neun Uhr kommt der Postbote und bringt das langersehnte Bruder-Klaus-Cliché aus dem Verlag.

Und wieder gehe ich weg – zum Dekan. Ein schwerer Gang. Wird er mich auslachen oder gar hinauswerfen? Wohl beides. Nun bin ich bei ihm.

«Was wollen Sie?» Er schaut mich an, ich spüre seine Härte. Da will ich reden, doch er unterbricht mich. «Ich habe keine Zeit, muss sofort verreisen. Kommen Sie ein andermal, das wird nicht so pressieren.» Er sucht seine Akten zusammen, ergreift einen grossen, gelben Brief. «Bitte nehmen Sie ihn mit auf die Post, ich bin verspätet.» Schade, dass er keine Zeit hat, denke ich.

Ich bin enttäuscht. Zerfahren gehe ich an der Post vorüber und vergesse, den Brief einzuwerfen. Daheim lege ich das Schreiben auf den Tisch in meinem Wohnzimmer, um es später bei meinen Einkäufen mitzunehmen.

Das Bruder-Klaus-Cliché

Wenn ich mit dem Dekan auch nicht reden kann, um diese hässliche Geldaffäre rückgängig zu machen, so bin ich gleichwohl ein anderer Mensch geworden.

Alle Schuld, die ich auf die Beteiligten geworfen habe, nehme ich auf mich. Ich allein habe Sachseln erlebt – niemand war dabei. Ich allein habe den Auftrag erhalten, darum bin ich allein verantwortlich für ihn.

Das Bruder-Klaus-Cliché auf dem Tisch und die neue bevorstehende Kartenaktion geben mir Trost und Kraft. Nun will ich mit diesem Manne, dem ich das Geld abgerungen habe, reden.

Und er kommt wie gewünscht; ich höre ihn. Wohl haben seine Schritte etwas Schleichendes – aber das ist mir gleichgültig geworden.

Dann steht er im Wohnzimmer. «Ich komme wegen des Bruder-Klaus-Clichés. Ist es angekommen, damit ich endlich die Karten bestellen kann?» Während er so fragt, sieht er gleichzeitig das verlangte Cliché auf dem Tisch liegen. Er nimmt es, betrachtet es und ich gebe ihm die abgefassten Verse dazu, damit er mit dem Verlag verhandle und bestelle.

Er will gehen, doch sein Blick fällt neugierig auf den grossen, gelben Brief. Er stutzt ob der imposanten Aufschrift. «Bitte nehmen Sie ihn mit auf die Post. Es ist ein Schreiben vom Herrn Dekan; ich war heute dort...»

Ich will weiterreden, doch wir werden durch das Schrillen der Hausglocke unterbrochen. Er nimmt den Brief und geht die Treppe hinunter.

Nachmittags um drei Uhr läutet das Telefon. «Ich habe das Bruder-Klaus-Cliché nicht mitgenommen, darf ich es abholen?» sagt die Stimme meines Geldgebers.

«Sie haben das Cliché doch in Ihre Mappe gesteckt, es ist nicht hier», antworte ich und ein unangenehmes Gefühl beschleicht mich. Den Hörer aufhängend ahne ich noch nicht, dass nun etwas Sonderbares geschieht.

Abends um sieben Uhr ist der Mann wieder bei mir. Alles an ihm ist unruhig, nervös und er tut mir, so unsympathisch er mir inzwischen geworden ist, leid.

«Das Cliché ist weg, verloren, unauffindbar; es kostet über 60 Franken, ich habe im Verlag angefragt», sagt er. Er wischt sich die Brillengläser. Verzweifelte Blicke fallen auf meinen Kartenschrank und ich fühle, dass er auch da noch suchen möchte. Und wir suchen zusammen, obwohl ich genau weiss, dass er das Bruder-Klaus-Cliché mitgenommen hat.

Am folgenden Morgen, es ist Sonntag, erzähle ich alles meinem Mann und den Kindern. Das Gesicht meines Mannes wird eisig, wie er sagt: «Seit du diesen Geldhandel abgeschlossen hast, mit welchem ich nie einverstanden sein werde, bist du sowieso eine andere geworden. Bruder Klaus will kein solches Geld, er will die Kapelle erschafft haben mit deinen Karten. Wenn ich Bruder Klaus wäre, wäre ich auch verschwunden.» Die Kinder lachen. «Übrigens wird Dein Geldfreund das Cliché zusammen mit dem gelben Couvert vom Dekan in den Briefkasten geworfen haben. Frage doch einmal bei der Post an. – Und jetzt will ich nichts mehr davon hören, bis diese Geldgeschichte erledigt ist –verstanden!»

Den ganzen Sonntagnachmittag bin ich allein. Mein Mann ist ohne Gruss weggegangen, die Kinder sind auswärts. Ein schwerer Druck lastet wieder auf mir; ich gehe im Zimmer hin und her.

Bruder Klaus, wo ist dein Cliché? Immer wieder frage ich. Ja, natürlich, du hast mich verlassen, weil ich an der Güte und Allmacht Gottes gezweifelt habe. Auch an deiner Hilfe habe ich gezweifelt, ich Kleinmütige. Dein Werk habe ich verraten. Statt zu arbeiten, bin ich zu einem reichen Manne gelaufen, um von ihm Geld zu erbetteln. Nun ist alles aus.

Mit dem Wiederauffinden des Clichés aber müsste alles gut werden. Vielleicht hat er es nun doch gefunden! Hoffnungsvoll rufe ich bei meinem Geldgeber an. Aber nein, das Cliché ist nicht gefunden worden.

Er scheint in der gleichen trostlosen Verfassung zu sein wie ich und fragt, ob er noch rasch bei mir vorbeikommen könne. «Ja, kommen Sie», sage ich, «ich muss sowieso mit Ihnen reden. Ich muss diesen Geldhandel mit Ihnen rückgängig machen, Bruder Klaus hat mich verlassen», sage ich zu ihm.

«Ich habe Bruder Klaus nichts zuleide getan, im Gegenteil, ich bin ein grosser Verehrer von ihm und kann nicht verstehen, warum er mein Geld nicht will und warum das Cliché auf solch unerklärliche Weise verschwunden ist», antwortet er nachdenklich, fast traurig.

«Der Teufel hat die Hand im Spiel, ich muss wieder von ihm loskommen, er hat mich zu Ihnen getrieben.»

«Der Teufel!» – empört schaut er mich an. «Ich will Ihnen das Cliché bezahlen – und wenn Sie Spesengeld brauchen» – dann zieht er die Brieftasche. Fein säuberlich liegen die Noten aufeinander. Er legt einige davon auf den Tisch: «Nehmen Sie, niemand soll es wissen».

«Zwischen uns ist alles fertig! Nehmen Sie Ihr Geld!», rufe ich verzweifelt. Da legen die langen, blutleeren Finger das Geld wieder in die Brieftasche zurück.

«Bitte, gehen Sie jetzt, mein Mann kann jeden Augenblick nach Hause kommen.» Er nähert sich mir, sein Atem berührt mich – es ekelt mich.

«Sie sind doch in Sachseln nach der heiligen Messe geheilt worden», schnauft er und ein spöttisches gemeines Lächeln verzerrt sein Gesicht.

Was bezweckt er? Was will er? Diese wunderbare Heilung gehört doch nicht in diese peinliche Situation. «Gehen Sie doch morgen in die heilige Messe und fragen Sie, wo das Bruder-Klaus-Cliché ist. Vielleicht sagt man es Ihnen dort . . .» – Er lacht mich aus, ich fühle es. «Ja, ich werde in die Messe gehen, trotzdem ich seit diesem Geldhandel Gnade und Führung verloren habe.»

Mein Entschluss ist gefasst. Erschrocken schaut er mich an. Das hat er nicht erwartet.

Die heilige Messe

Und ich gehe. Müde, zerschlagen und verlassen sitze ich in meiner Bank; nur wenige Leute sind da. Da öffnet sich die Tür und auf leisen Sohlen tritt mein Geldgeber ein. Er setzt sich vor mir in die Bank. Die letzten Tage haben mich aufgerieben; ich falle in einen trostlosen Zustand. Das Cliché, das Cliché – wo ist es?

«Ich hätte die Unterredung mit dem Dekan erzwingen müssen, aber ich war froh, dass er keine Zeit hatte», bekenne ich reuevoll. Ich denke an meine Heilung in Sachseln, an diese wundervolle Gnade – an die Erhörungen später – an den Auftrag. Alles habe ich hingeworfen – alles verraten wie Judas.

Die Erkenntnis, dass ich gleich Judas handelte, jagt mir das Blut in den Kopf, die Tränen in die Augen. Reue erfasst mich – Reue, wie ich sie wohl nie mehr erleben werde. Ich weiss nicht mehr wo ich bin. Ich sinke ab in ein Sein oder Nichtsein – dann komme ich zu mir. Der Messner löscht die Kerzen am Altar, die Kirche ist leer. Erschrocken, taumelnd erhebe ich mich, trockne mir das Gesicht und gehe hinaus.

Einsam auf dem Kirchplatz steht der Mann. «Wo ist das Cliché?» Lauernd schaut er mich an. «Das Cliché ist in dem grossen, gelben Couvert, welches Sie für den Dekan zur Post gebracht haben. Fragen Sie dort an!»

Das spöttische Gesicht erblasst. «Das ist nicht wahr, sagen Sie, dass das nicht wahr ist – wie wollen Sie das wissen?» «Es ist so und nicht anders, ich weiss es nun». Dann gehe ich heim.

Diesen Nachmittag werde ich nie vergessen. Um drei Uhr kommt der Mann und bringt das Bruder-Klaus-Cliché. Wortlos legt er es mir in die Hand. Es war im gelben Brief. Dann bekennt er seine Schuld.

«Ich habe das Schreiben des Dekans nach Hause genommen, weil ich wissen wollte, was er dieser hohen Persönlichkeit geschrieben hatte.

Beim Lesen wurde ich von einer Angestellten gestört und beim Zusammenraffen der Papiere kam das Bruder-Klaus-Cliché in den Brief des Empfängers.

Ich habe sofort angefragt und der hohe Herr antwortete mir, dass das Cliché tatsächlich bei ihm sei und er sich bereits gefragt habe, was der Dekan wohl mit diesem ihm zugestellten Cliché bezwecke.»

Was geschieht nun? Der Geldgeber geht auf eiligen Füssen zum Dekan um zu beichten. – Ich hinter ihm her um zu bekennen. Der Dekan reibt die Hände: «Eine heikle Sache, wir wollen sie für uns behalten.»

Nachher hole ich sofort die Bücher beim Geldgeber zurück – der Geldhandel ist rückgängig gemacht. Das Werk beginnt.

Der Weg durch die Kirche

Die Gnade, die ich verloren habe, hat Gott mir wieder gegeben. Ich bin sein Kind. Jeden Tag – immer wenn ich kann – gehe ich zur heiligen Messe. Durch sie bin ich in Sachseln geheilt worden. Durch sie erhielt ich diesen Auftrag. Und durch sie hat Gott mir gesagt, wo das Bruder-Klaus-Cliché hingekommen ist.

Durch sie will ich nun diesen Auftrag treu erfüllen. Dem Teufel gegenüber will ich achtsam sein, er soll mich nie mehr erwischen. Ich kenne ihn nun und weiss, welche Fallen er mir stellt, um dieses Werk nicht aufkommen zu lassen.

Nun bin ich wieder ein fröhlicher Mensch. An der Hand von Bruder Klaus gehe ich durchs Land, verkaufe meine Karten und das Geld äuft sich. Ich erfasse die Kirche, langsam lebe ich mich in sie hinein. Sie sagt mir, was ich tun und reden soll. Sie zeigt mir die Menschen, denen ich vertrauen kann und mahnt mich vor jenen, die dem Werk schaden.

Und wenn sich in mir die Protestantin regt und ich denke, man kann sicher auch arbeiten ohne die Kirche, dann steht das Werk still. Aber immer kehre ich reumütig zu ihr zurück.

Ich kenne unser schönes Schweizerland, das Bruder Klaus beschützt. Er zeigt es mir – zeigt mir die Menschen, ihre Sitten und Gebräuche. Und überall bin ich daheim. Er führt mich in die offenen und geschlossenen Klöster zu wahrhaft grossen gnadenvollen Menschen – und ich werde klein und kann es nicht fassen, dass gerade ich, in meiner grossen Sündhaftigkeit, dieses Werk aufschaffen darf.

Und Bruder Klaus führt mich zu den Priestern. Er zeigt sie mir, wie sie sind, wie sie opfern und in manchmal überaus bescheidenen Verhältnissen ihre von Gott erhaltene, grosse Aufgabe erfüllen. Ist es Fügung Gottes, dass gerade ich das alles erleben darf, ich, die ich unter gehässigen Vorurteilen gegen die Priester und ihre Kirche aufgewachsen bin?

Auch zu Erziehern, Lehrern, Lehrerinnen und Schwestern werde ich geführt. Immer bin ich begeistert, wenn ich an diese idealen Menschen denke. Alle helfen mit an diesem Werk. Alle freuen sich, wenn es zustande kommt, nur meine Heimatstadt, wo die Kapelle erstellt werden soll, freut sich nicht.

Ein neuer Schlag

Wenn ich gedacht habe, dass der Dekan im Laufe der Jahre nun nachgegeben und sich mit dieser Kapellengeschichte abgefunden hätte, so habe ich mich geirrt.

Eines Abends lässt er mich durch meine Tochter zu sich rufen. Er ist der gleiche geblieben.

Wir beide, die wir durch einen höheren Auftrag zusammengekommen sind, haben keine innere Beziehung zueinander. Wir sind zu verschieden und müssen unfehlbar einander geraten, wenn ich nicht nachgebe. «Wieviel Geld haben Sie nun bis heute gesammelt?» «Ich glaube, es sind gegen die Fr.20'000.-, Sie haben ja das Geld», sage ich.

Er schiebt den Stuhl zurück, geht zum Kassenschrank, wühlt unter den Akten und sucht das Büchlein hervor.

«Ja, es sind Fr. 20'000.-, das könnte reichen.»

«Die Kapelle kommt höher zu stehen, sie darf nicht zu klein werden», wage ich einzuwenden.

«Sie werden doch wahrhaftig nicht glauben, dass diese Kapelle je gebaut wird, wir brauchen keine Bruder-Klaus-Kapelle. Ich habe einen anderen, besseren Plan, kommen Sie.»

Wie hypnotisiert gehe ich hinter ihm durch den langen Korridor die Treppe hinunter. Er öffnet eine Seitentür und wir stehen in der alten, muffigen Klosterkapelle.

«Sehen Sie hier diese Wände», er zeigt auf den abbröckelnden Verputz, auf die schlechten Bilder und die reparaturbedürftigen Fenster.

«Diese Kapelle will ich mit Ihrem Gelde renovieren; ich habe bereits die nötigen Schritte unternommen. Ausser dem Altarbild und dem Taufstein ist alles ziemlich wertlos.»

Heute noch staune ich über meine grosse Dummheit, denn ich habe vorher wirklich nichts gemerkt von seinem Vorhaben.

«Was wollen Sie? – Mit dem Geld, das ich für eine Bruder-Klaus-Kapelle in der ganzen Deutschschweiz gesammelt habe, wollen Sie eine Renovation durchführen? Das können Sie nicht.»

«So, kann ich das nicht? – Nun, wir werden sehen.» Ein scharfer, schneller Blick unter halboffenen Augen streift mich. Dieser Blick und die begleitende Geste verraten nichts Gutes.

Doch ich fürchte mich nicht, in mir regt sich das mütterliche ketzerische Blut: «Das ist Geld von beiden Konfessionen, die Kapelle gehört somit allen gläubigen Menschen.»

Da lacht er auf. Sein Lachen widerhallt in der dämmerigen Kapelle – es wird mir unheimlich zumute.

Plötzlich spüre ich in ihm einen Feind, der in seiner grossen Machtstellung nicht ruhen wird, bis er gesiegt hat. Er ist gewohnt zu herrschen, zu regieren und alles unter seinen Willen zu bringen. «Bruder Klaus, hilf mir, verlass mich nicht», ist mein kleines Stossgebet.

Durch den gegnerischen Einfluss dieses mächtigen Geistlichen verliere ich den Boden meines Heimatkantons und meiner Heimatstadt vollends. So wie ein gutes Wort Segen bringt, so kann ein schlechtes verheerend sein. Die Menschen, die in der langen Zeit ruhig geworden sind, werden auf einmal wieder aktiv, zu neuen Gegnern. Sie werfen mir die Steine, die ich für sie gesammelt habe, buchstäblich an den Kopf.

Die Bruder-Klaus-Kapelle rückt in weite Ferne; ich kann nichts tun als weiterarbeiten und mich langsam von dieser Stadt, die meine Heimat ist, lösen.

Der Wundermann

Eines Tages, ich komme eben von der Reise zurück, läutet das Telefon. «Sind Sie die Frau, die mit Kartenverkauf eine Bruder-Klaus-Kapelle aufarbeitet?» fragt eine sehr sympathische Stimme. Ich bejahe es. «Dann holen Sie bitte Bleistift und Papier und notieren Sie die Adresse, die ich Ihnen angebe. «Gehen Sie raschmöglichst dorthin, man hat Ihnen etwas mitzuteilen.»

Mit dieser mir ganz unbekannten Adresse gehe ich zu meinem Mann. Er entschliesst sich, da es sich um die Kapelle handelt, sofort mit mir dorthin zu fahren.

Am nächsten Morgen sind wir schon früh am Reiseziel. Beim Hause dieses seltsamen Mannes herrscht reger Betrieb. Viele Autos sind da, auch kommen die Leute zu Fuss und per Rad. Alle beeilen sich und jeder will zuerst an der Tür sein. «Da werden wir lange warten müssen», sagt mein Mann und lehnt sich im Wagen zurück.

«Sie müssen sich anmelden bei der Tür dort, dann bekommen Sie eine Münze», erklärt mir eine Frau, bei der ich mich erkundige.

«Was tun denn alle diese Leute da und was tut dieser Mann?» frage ich die Frau, die nur auf diese Frage gewartet hat. «Das ist ein Wundermann, den kennt man überall. Er heilt die Kranken durch sein kraftvolles Gebet. Ja, er hat schon vielen geholfen. In allen Anliegen kommen die Leute zu ihm, von überall her, selbst aus dem Ausland. Sein Wartezimmer ist immer überfüllt und manchen wird es übel vom stundenlangen Warten. Er ist auch Hellseher», fährt die gesprächige Frau fort. « Man kann ihn nicht belügen oder ihm etwas vormachen, er weiss und sieht alles.»

Ich melde mich an und bekomme eine blaue Münze, das heisst, dass wir etwa drei Stunden warten müssen. Dann gehe ich in den Wagen zurück und erzähle meinem Mann, was ich gehört habe.

Einige Zeit später stehe ich dem so geheimnisvollen Manne gegenüber. Ich habe ihn mir ganz anders vorgestellt: hässlich, bucklig, greisenhaft. Statt dessen steht ein schöner Mann mit leuchtenden dunklen Augen, brauner Gesichtsfarbe, gesunden weissen Zähnen und einer kräftigen Gestalt vor mir. Er mustert mich, dann haftet sein Blick an meiner Kleidung, am eleganten Hütchen mit dem Schleier, den modernen Schuhen und der goldenen Brosche auf meinem Jackenaufschlag.

«Sie müssen sich nicht so anziehen. Einer Frau, die einen solchen Auftrag hat, steht das schlecht an.»

Das ist der Gruss und die ersten Worte, die er spricht. Die verlegene Röte, die mir ins Gesicht steigt, sieht er nicht. «Was geschieht mit dem Geld, das Sie bis jetzt für die Bruder-Klaus-Kapelle gesammelt haben?»

«Ich kann nichts dafür, dass der Dekan die Klosterkapelle mit diesem Geld renovieren will. Alles habe ich versucht, um ihn von diesem Vorhaben abzubringen, aber es nützt nichts», entgegne ich. Er sieht mich forschend an und ich erröte wieder unter diesem Blick. Etwas Sonderbares, Geheimnisvolles und Bezwingendes geht von diesem Manne aus. Ich verstehe die Frau, die mir fast andächtig von ihm erzählt hat. Nein, ihn möchte ich wirklich nicht anlügen.

«Sie müssen an Ihrem Auftrag festhalten, komme was wolle. Um diese Kapelle wird gekämpft. Sie hat mehr Gegner als Befürworter. Was das heisst, werden Sie wohl wissen. Sie sind in Sachseln als Protestantin geheilt worden, um dieses Werk für die Angehörigen beider Konfessionen aufzuarbeiten. Die Kapelle soll zur Verständigung und zur Wiedervereinigung der Christen im Glauben dienen. Sie werden sie später in diesem Sinne bauen.

Die grosse Bruder-Klausen-Idee wird die Gemüter der Menschen bewegen. Die Behörden werden sich mit der Angelegenheit befassen müssen. Darum ist es gut, wenn Sie möglichst bald auf der Regierung vorsprechen. Mit dem Dekan müssen Sie auch wieder reden. Er möchte einmal, wenn er kann, zu mir kommen. Dann sollten Sie zu den massgebenden protestantischen Geistlichen und womöglich zum zuständigen Bischof gehen.»

Auf einmal wird mir klar, was er gemeint hat mit meiner Kleidung. Ich komme mir vor wie ein aufgeblasenes Huhn und hätte das Schleierhütchen samt der Brosche am liebsten aus dem offenen Fenster geworfen. Die allzu modern bekleideten Füsse ziehe ich heimlich unter den Stuhl.

«Bruder Klaus wünscht Ihren ganzen Einsatz. Legen Sie alles ab, was dem Werke schaden könnte und leben

Sie nur diesem Auftrag.» Vornübergebeugt sitze ich auf meinem Stuhl.

Der Mann macht mir einen grossen Eindruck. Er kleidet in Worte, was ich weiss, ahne und vor dem ich schon lange im voraus Angst habe.

Ein leises Zittern bebt durch meinen Körper, wie ich langsam, wie betrunken zu meinem Mann in den Wagen steige. Das Hütchen lege ich aufs Polster. Ich habe es nie mehr aufgesetzt. Die Brosche stecke ich in meine Tasche, um sie meiner Schwägerin, die sie mir geschenkt hat, wieder zurückzugeben. Die Schuhe, die mich in eine solche Verlegenheit gebracht haben, liegen unter dem Sitz. Um die Haare binde ich ein Tuch. So fahren wir nach Hause.

Der folgende Tag

Die Jalousieläden meines Zimmers schlage ich zurück. Ein trüber Tag. Schwer hängen die Wolken, eintönig plätschert der Regen.

Mitten in der Nacht hat mit einem Gewitter das schlechte Wetter eingesetzt. Eine lange, bange Nacht – immer wieder bin ich aufgewacht. Der gestrige Tag hat in mir alles aufgewühlt.

Nein, ich kann diese Aufträge, die mir der Wundermann ans Herz gelegt hat, nicht ausführen. Ich kann mich doch nicht aufs Neue lächerlich machen. Die Herren von der Regierung! Diese weltlichen Herren! Sie werden mich nicht verstehen.

Und der Dekan? Wenn ich mit dieser Geschichte zu ihm komme, wird er, der Realist und Gegner der Kapelle, endgültig überzeugt sein, dass wir alle miteinander dorthin gehören wo die sind, die von verrückten Ideen geplagt werden und von ihnen nicht mehr loskommen.

Dann sind da noch die protestantischen Geistlichen unserer Stadt; ich kenne sie. Wohl ist der protestantische Dekan mir sympathisch. Ich bin überzeugt, dass er das glaubt, was er predigt. Seine Vorträge zünden, die Kirche ist überfüllt. Die Leute gehen nachdenklich und hingerissen vom sonntäglichen Gottesdienst heim. Wie wird er die Sache aufnehmen? Wird er grosszügig sein? Alle diese Gedanken gehen mir durch den Kopf, während ich interesselos meine Hausarbeit beginne.

«Gehen Sie auf die Regierung, zum Dekan, zu den protestantischen Geistlichen», höre ich den seltsamen Wundermann sagen und fühle seinen faszinierenden Blick.

Ich mache die Betten, schüttle Kissen und Decken. – Doch, was ist das? Ein leises Zittern bebt durch meinen Körper; schlaff fallen die Arme; verloren, abwesend sitze ich nieder. Eine fremde Macht befiehlt und treibt.

Da löse ich die Schürzenbänder, nehme die Bücher, verlasse das Haus und sitze einige Zeit später neben dem Pult des juristischen, hohen Beamten im Regierungsgebäude.

Er hört mir zu, seine Hand spielt mit dem Bleistift. Er klopft mit dem Stift leise auf die Schreibmappe und unzählige, kleine Punkte verraten seine Nachdenklichkeit.

Dann dreht er sich gegen mich, legt die Hand unters Kinn und sieht mich lange forschend an.

In seinen Augen liegt kein Spott, wie er sagt: «Also, Sie wünschen, wenn ich recht verstehe, dass diese Kapelle den Angehörigen beider Konfessionen dienen soll.»

«Ja, so ist es, ich habe sie in diesem Sinne aufgearbeitet», antworte ich und wage den strengen Beamten etwas näher anzuschauen. Seine grosse Gestalt mit dem charaktervollen Kopf, der hohen, gescheiten Stirn, den nachdenklichen Augen unter buschigen Brauen, seine schönen Hände, die langsam die Blätter der Stiftungsbücher wenden, gefallen mir. Diese Hände sind gut, sie werden nur gerechte Dinge schreiben. Dieser Mann wird überlegen und prüfen, und wenn er auch als Protestant diese seltsame Sache nicht so recht verstehen kann, wird er als Jurist so handeln, wie er handeln muss.

Da vertraue ich ihm. Ich fühle Sympathie zum ersten massgebenden weltlichen Menschen, der mich nicht auslacht, sondern mich zu verstehen sucht. «Schreiben Sie das alles nieder, ich will es weiterleiten», sagt er freundlich und steht auf. Ich danke ihm bewegt und springe leichtfüssig die Treppe hinunter, um daheim den Brief zu schreiben. Vorher aber gehe ich zur Kirche, um Gott für diese so gute und schöne Begegnung zu danken.

Und wieder kommt dieses leise Vibrieren über mich, wieder diese unerklärliche fremde Macht. Zum zweiten Mal lege ich die Schürze ab und springe durch den Regen zum Dekan.

«Warum sind Sie so bleich, was ist geschehen? Er erhebt sich und kommt mir entgegen. Da erzähle ich ihm alles. «Sie dürfen das Geld dem Zweck nicht entziehen, wir müssen die Kapelle in diesem Sinne bauen. Der Mann, den ich besuchte, will mit Ihnen darüber reden; Sie möchten zu ihm gehen.»

«So, so, funkt dieser auch noch drein. Nun, man kann ja gehen, habe sowieso dort zu tun», sagt er und lässt sich schwerfällig auf seinen Stuhl nieder.

Die beiden Aufträge sind erfüllt! Welches Glück! Alles ist gut gegangen. Am Nachmittag will ich zum protestantischen Pfarrherrn gehen, dann bin ich wieder frei und kann am Werke weiterarbeiten.

Die Pfarrfrau öffnet die Tür und führt mich in ein winzig kleines Wartezimmer. Sie entfernt sich und während ich warte, betrachte ich die beiden Kontrastbilder an den Wänden. «Christus auf Golgatha», ihm gegenüber die abstrakte Malerei eines modernen Künstlers.

Immer noch suche ich den Sinn dieses «Kunstwerkes» zu erfassen, als ziemlich geräuschvoll der Pfarrherr ins Zimmer tritt. Sein Blick scheint freundlich und gut, wie er grüsst und mit der Hand auf das Bild zeigt, von dem ich mich eben abwende. «Ich versuche die Menschen auch in der modernen Kunst zu verstehen», sagt er und erklärt mir kurz die Striche, Punkte und Kleckse dieser Malerei.

Schade, dass er keine Soutane trägt, wie schön und würdevoll müsste er aussehen, denke ich und kritisiere heimlich seine weltliche Kleidung. Überhaupt scheint er auf seiner Kanzel besser daheim, als hier in diesem kleinen, spiessbürgerlichen Raume.

Die Unterredung verläuft ruhig. Klug und sachlich erklärt er mir das, was er einer Protestantin, die durch ein grosses Erlebnis der zwinglianischen Lehre den Rücken kehren will, erklären muss.

Er ist äusserst vorsichtig und verletzt in keiner Art und Weise, aber überzeugen kann er mich nicht.

«Sie hätten ebensogut in einer andern Kirche geheilt werden können und zwar direkt durch Jesus Christus», sagt er ziemlich schroff und ablehnend. «Bruder Klaus ist heiliggesprochen von der katholischen Kirche und Sie müssen wissen, dass wir Protestanten die Heiligenverehrung nicht anerkennen. Was sollen wir nun mit einer gemeinsamen Bruder-Klaus-Kapelle?»

Jetzt sind wir auf dem Kernpunkt unserer Unterredung angelangt. Ich hätte ihm antworten können, dass wir in unserer Stadt auch eine gemeinsame Laurentius-Kapelle haben, aber ich tue dies nicht, denn ich spüre an der straffen Haltung, die er einnimmt, den Protest.

Nein, ich möchte es mit diesem hohen Geistlichen durch eine unkluge Rechthaberei nicht verderben. Das ist nicht im Sinne von Bruder Klaus.

Ruhig höre ich ihm zu, wie er immer bestimmter die protestantische Lehre vertritt; doch überzeugt und bereit aufs Äusserste zu kämpfen, beharre ich auf der Fürbitte der Heiligen. «Ich werde mit den andern Pfarrherren reden und Ihnen wieder berichten», sagt er freundlich und reicht mir die Hand zum Abschied.

«Es kann unmöglich fehlgehen», denke ich. Wird dieser Pfarrherr, der sich in die abstrakte Kunst vertieft und dadurch diese Künstler zu verstehen versucht, nicht auch die grosse Bruder-Klausen-Idee – die Wiedervereinigung im Glauben – verstehen?

Der Kapellenplatz

Die Unterredung zwischen dem Wundermann und dem Dekan verläuft negativ.

«Ich lasse mir von diesem Laien nichts befehlen. Zudem ist er von der Kirche nicht anerkannt und hat sich in diese Kapellengeschichte nicht einzumischen», sagt der Dekan und beharrt darauf, mit dem gesammelten Gelde zu tun, was er tun will.

Ich bin nicht überrascht und rege mich diesmal nicht auf. Ich habe Wichtigeres zu tun, denn seit einiger Zeit befasse ich mich mit der Suche des Platzes, wo die Kapelle erstellt werden soll.

Zu Fuss, per Rad, allein oder in Begleitung meiner Familie suchen wir die ganze Umgebung unserer Stadt ab, um die geeignete Stelle zu finden. «Da wäre sie schön», sagt mein Mann. «Oder hier», rufen begeistert die Kinder.

Aber alle Vorschläge lehne ich ab, zu all diesen Plätzen bekomme ich keine innere Beziehung. Ich kann mir die Kapelle hier nicht vorstellen, ich habe sie woanders gesehen – frei auf einer erhöhten Wiese. Wo mag diese wohl sein? Das frage ich mich, wie ich eines Abends allein suchen gehe. Irgendwo muss sie doch sein.

Da wähle ich einen Weg im Westquartier, den ich noch nie gegangen bin. Ziemlich steil führt er zum Wald.

Langsam steige ich bergan, die Birkengruppe lockt. Erregt erklimme ich die letzte Böschung, dann stehe ich auf der Wiese. Mein Kopf wird heiss, der Puls schlägt schnell – ich atme auf. Hier ist der Platz! Da soll sie stehen! Die Sonne verschwendet ihre letzten Strahlen. Die Bäume werfen ihre Schatten. Ein junger Hase schnuppert die köstliche Abendluft.

Ich falte die Hände und danke Gott. – Geheiligtes Land, Bruder-Klausen-Land! Da wird er wirken, den Menschen helfen, der grosse Friedensmann!

Ich schaue über die Stadt und mir wird leicht und wohl ums Herz. Nun will ich handeln, nun wird alles gut! Nun wird all das kommen, was Bruder Klaus will.

Eine Kapelle für alle Menschen, ein Friedens- und Gemeinschaftswerk. Eine Kapelle, die bindet, nicht trennt, und die sich überkonfessionell über allem Engen und Kleinlichen erhebt. Wunderschön wird das sein! Ich sehe das Türmchen der Kapelle, wie es in der Sonne blinkt und höre das Glöcklein, wie es klingt.

Ich sehe die gläubigen Menschen, die andächtig den Weg hinaufkommen und da oben in der Stille und Einsamkeit ihre Andacht halten oder beten, um ihre täglichen

Nöte und Sorgen vor Gott zu tragen. Ich sehe alte Leute, die da oben auf ihr Leben zurückblicken und beim stillen Nachdenken in der Kapelle höheren Dingen zugeführt werden. Ich sehe den Priester, wie er eine heilige Messe feiert zum grossen Gelingen, dass die Menschen sich verständigen und eins werden im Glauben.

Und ich sehe den reformierten Pfarrherrn, wie er im gleichen hohen Sinne eine Ansprache hält. Ich sehe ideale Menschen, die das hören, in sich aufnehmen und Bruder Klausens Idee weitertragen: diese grosse Idee – die Verständigung und Vereinigung der Christen im Glauben.

Weit unten mäht ein Bauer sein Gras. Wem gehört das Land? Die Wirklichkeit rüttelt und mahnt. Leicht und beschwingt, von Freude getragen, springe ich über Matte und Weg.

Dann stehe ich vor dem Mann. Er hält inne, schaut mich an und grüsst. «Wem gehört das Land dort oben?» «Welches Land?» «Dort bei den Birken.»

Er wendet sich um und legt die Hand über die Augen, denn die Sonne blendet ihn. «Das ist Bürgerland, es gehört der Bürgergemeinde unserer Stadt. Was wollen Sie mit diesem Boden? Gar ein Ferienhaus oder ein Kinderheim hinstellen?» «Nicht erraten!» necke ich. «Was dann?» «Eine Kapelle!»

Der Bauer stutzt. «W-a-s, eine K-a-p-e-l-l-e! Sie sehen doch gar nicht so fromm aus!»

Wir lachen beide. Ich springe den Hang hinunter. «Viel Glück», ruft er mir nach und wetzt die Sense.

Der Bürgerpräsident

Drei Stunden mögen vergangen sein. Immer noch bin ich im Büro des Bürgerpräsidenten. Er sitzt an seinem massiven Eichenpult, ich ihm gegenüber. Zwischen uns auf der Platte liegen die Stiftungsbücher. Er weiss nun alles. Jetzt ist es still im Raum. Die surrende Wespe am Fenster wirkt fast störend.

Da steht der Präsident auf; gross und mager reckt er sich vom langen Sitzen. Leicht gebeugt geht er zum Fenster, öffnet es und hilft der Wespe fast liebevoll ins Freie. «Ich habe noch nie absichtlich ein und wenn auch noch so kleines Tierchen getötet, das sind doch alles Geschöpfe Gottes», sagt er und lässt sich wieder auf seinem Stuhl nieder.

Seine schmale, aristokratische Hand, die jeden guten Maler hätte begeistern können, fährt über die Stirn. «Eine sonderbare Geschichte, die Sie mir da erzählt haben. Sie haben natürlich in einem höheren Auftrag gehandelt, das ist mir klar, denn sonst hätten Sie dieses Werk nie aufarbeiten können. Das Geld ist da, doch der Dekan will, weil die Kapelle den Angehörigen beider Konfessionen dienen soll, nicht mitmachen und das Geld für einen anderen Zweck verwenden.

Das ist das Wesentliche dieser Geschichte. Wesentlich ist auch, dass Sie gerne für den geplanten Kapellenbau das Plätzchen Land am Hagenbuchweg erwerben möchten. Bringen Sie mir von Ihrem Architekten die Pläne und Masse, damit ich alles prüfen und überlegen kann. Dann können Sie dem Dekan gelegentlich sagen, dass ich mich für diese Sache interessiere.

Übrigens ist es höchste Zeit, dass sich jemand für Sie wehrt und da mich diese Idee von Niklaus von Flüe begeistern kann, will ich mich dafür einsetzen. Nehmen wir an, Ihr Bruder Klaus hat Sie zu mir geschickt – das wird wohl so sein; ich glaube an solche Bestimmungen und Führungen. Tun Sie das, was ich Ihnen gesagt habe und kommen Sie dann wieder zu mir.»

Er gibt mir die Bücher, ruft seiner Frau und sagt zu ihr: «Ich will dir nachher alles erzählen, du wirst dich darüber freuen.» Beglückt gehe ich nach Hause.

Eine unerfreuliche Unterredung

Der Architekt hat die Pläne ausgearbeitet, ganz so, wie ich mir die Kapelle vorgestellt habe, einfach und schlicht. Er hat das Land ausgemessen und ich habe die Unterlagen für den Bürgerpräsidenten beisammen. Nun gehe ich noch zum Dekan. Ob er nun nachgibt, da die Sache in greifbare Nähe rückt?

Wie gewohnt sitzt er an seinem Bürotisch. Seine Stirn ist gefurcht, er sieht müde aus. Eben schrillt das Telefon. Leise will ich mich entfernen, doch er winkt und zeigt auf einen Stuhl. Dann nimmt er den Hörer ab. Ein auswärtiger, ihm unterstellter Pfarrer bittet um eine Auskunft. Ob der Dekan auf diesen Anruf gewartet hat, um seine schlechte Laune loszuwerden – oder ist er immer so mit seinen Untergebenen? Das Unwetter bricht los. Es donnert und blitzt. Seine Hände zittern, er verliert sich, vergisst, dass ich im Zimmer bin. – Peinlich, schrecklich peinlich. Noch einmal versuche ich loszukommen, mein Blick hängt an der Tür. Das kann gut werden, wenn ich an die Reihe komme, denke ich. Da schlägt er den Hörer auf die Gabel. «Jetzt hat der Herr Kommissar gesprochen», versuche ich zu scherzen, doch der Scherz zerschellt am eisigen Gesicht des Dekans.

«Was bringen Sie? Wohl auch nichts Gutes. Nun es geht ja alles in den gleichen Topf», sagt er und stützt den Kopf schwer in die Hand. Die Angst schnürt mir die Kehle zu. Fade und schal höre ich die eigene Stimme: «Ich habe das Land für den Kapellenbau gefunden. Der Bürgerpräsident lässt sie grüssen.»

«Der Bürgerpräsident? Was hat denn der wieder mit dieser Sache zu tun?» «Das Land gehört der Bürgergemeinde.» «Wo liegt dieses Land?» «Am Hagenbuchweg – oben am Waldrand.»

«Also eine Liebespärchenkapelle wollen Sie erstellen, einen Unterschlupf für Nachtbuben»! Er lacht kalt auf. «Kommt nicht in Frage, für solch einen Unsinn habe ich Ihnen die Empfehlung nicht gegeben.»

«Ich habe den Auftrag und will wegen Ihnen nicht in die Hölle», wage ich einzuwenden.

«In die Hölle?» Er sieht verächtlich auf. Dieser Geistliche nimmt mich nicht für voll – alles ist zwecklos. Diese eiserne Wand werde ich nie durchbrechen. Auf einmal weiss ich, dass diese Kapelle mein Kreuzweg sein wird. Fast fluchtartig verlasse ich sein Haus.

Der Bischof

Der Schnellzug eilt durch die Landschaft der Westschweiz zu. Ich sitze in meiner Ecke und beobachte die wenigen Mitreisenden: Eine junge Mutter mit ihrem Kleinkind im Arm. Sie wiegt es sachte hin und her und schmeichelt ihm zärtlich, bis ein reizendes Lächeln über das kleine Gesichtchen huscht.

Diese Frau in ihrer ersten Mutterwürde scheint restlos glücklich, denke ich und der Druck in meiner Seele verstärkt sich.

Der Mann schläft eingewickelt in seinen Lodenmantel. Seine schweren Schuhe und der neben ihm liegende Rucksack verraten den Wanderer. Dass man so sorglos schlafen kann! Es stimmt mich beinahe neidisch, wenn ich an die letzte fast schlaflose Nacht denke.

Die beiden Männer im anderen Abteil erzählen sich Witze. Sie klopfen sich vor Begeisterung auf die Knie. Der Mann hinter dem Lodenmantel räuspert sich. Verdutzt sehen sie sich an und ihre Gespräche werden im Flüsterton weitergeführt. Nur ihr schallendes Gelächter verrät deren Sinn.

Eintönig klopfen die Achsen, rattern die Räder über Schienen und Weichen und fast gespensterhaft fliegen

Häuser, Wälder und kleine Stationen im Frühnebel an mir vorüber. Wie lange noch? Ein leises Unbehagen kommt über mich. Ich versuche zu lesen, erfasse jedoch das Gelesene nicht.

Immer näher und näher rast der Zug meinem Ziele zu. Dann ziehen die Bremsen, die Geschwindigkeit lässt nach. Ich öffne das Fenster und erblicke die Kirchtürme der Bischofsstadt. Der Zug legt sich in die letzte Kurve, dann fährt er im Bahnhof ein. Etwas zerschlagen und benommen von der langen Fahrt steige ich aus.

Was nun? Geschäftig rennen die Menschen an mir vorüber, stossen einander, entschuldigen sich und springen ihrem Ziele zu. Auch ich habe ein Ziel, ein schweres Ziel – wenn ich daran denke, dann würgt es mich.

Ich stehe auf der Brücke, halte mich am Geländer und sehe ins Wasser. Verloren hängt mein Blick an den Häusern der malerischen Altstadt.

Wie hätte mich doch dieses Bild entzückt, wenn nicht meine Seele mit dieser Ungewissheit belastet gewesen wäre! Zögernd betrete ich die vielen Stufen der Freitreppe zur St. Ursen-Kirche. Nun bin ich hier, wieder an einer Stätte des Trostes, wie schon so oft.

Ich denke darüber nach. Wer hat mich in diese Lage gebracht? Natürlich der Dekan! Hätte er nur einen Funken Verständnis für diesen Auftrag, dann wäre ich nicht hier. Nun aber muss ich ihn anklagen und das tut mir in der innersten Seele weh, denn im Grunde genommen habe ich ihn gern.

Was wird der Bischof sagen, wenn er weiss, dass ich reformiert bin? Vielleicht: «Ich habe doch mit dieser Geschichte nichts zu tun, Sie gehören ja nicht meiner Kirche an.» Dann wäre alles aus! Verzweifelt lege ich den Kopf auf die Bank. Herrgott, hilf mir! Du allein weisst, um was es geht. Bruder Klaus, das ist doch deine Kapelle, du hast mich immer geführt. Sage mir, wie ich es dem Bischof sagen soll.

Dann, wie im Traume, stehe ich in dem grossen Wartezimmer des bischöflichen Palais. Wenn der Dekan, sein Untergebener so hart ist, wie wird erst der Bischof sein? Angsterfüllt starre ich zur Tür.

Da öffnet sie sich. Der Bischof von Basel, der seine Residenz in Solothurn hat, steht mir gegenüber. Wo ist die Angst? Wo ist der Druck? Alles ist weg! Nein, ich bin nicht vor ihm niedergesunken, aber er hat mir einen bleibenden Eindruck hinterlassen in seiner grossen Güte und seinem Verstehen. Er glaubt mir, er hilft mir und er schützt mich.

«Die Kapelle soll gebaut werden, so wie sie gebaut werden muss. Es ist eine schöne und grosse Idee von Bruder Klaus.» Das hat er gesagt. Mein Gott, ich danke Dir! Bruder Klaus, ich danke dir!

Die Heimfahrt

Ich löse einen Klassenwechsel, denn ich muss allein sein. Ich könnte keine schlechten Witze hören, kein Ein- und Aussteigen der Leute ertragen. Der Zug fährt wie auf Samt. Ich bin ganz allein im Coupé, kann hin und hergehen und alles noch einmal erleben.

Nicht die Kleidung des bischöflichen Herrn hat es mir angetan. Wohl hat sie mir einen grossen Eindruck gemacht. Aber diese grosse Erhabenheit, diese Güte und das Verstehen. Sofort habe ich ihm vertraut. Muss ich dem Dekan nicht dankbar sein, dass ich dies durch sein Verhalten erleben durfte?

Für eine Protestantin, die so etwas überhaupt nicht kennt, ist das sicher ein grosses Erlebnis. Was wird der Bürgerpräsident dazu sagen?

Am Morgen fuhr der Zug zu schnell, jetzt fährt er zu langsam und hält viel zu lange auf den grossen Stationen. Wenn ich nur mit jemandem hätte reden können! Aber das versteht nur der Bürgerpräsident. Ich muss noch heute Nacht – und wenn es gegen den Anstand verstösst – zu ihm.

Seine Frau führt mich in den Salon und zündet die grosse Ständerlampe an. Wir drei sitzen in den tiefen Ledersesseln und ich erzähle voller Begeisterung. Ich schildere den Bischof, erkläre seine Haltung und bringe in dieses protestantische Milieu die Wärme der katholischen Kirche und das gerechte Urteil eines ihrer Höchsten.

«Wenn wir nur auch einen Bischof hätten», sagt der Bürgerpräsident und geht auf dem weichen Teppich hin und her. Dann steht er vor mir still. «Wie lange mag es sein, seitdem Sie zu mir gekommen sind mit dieser Kapellengeschichte?»

«Zwei Jahre», antworte ich. «Das genügt. Ich habe die Sache lange geprüft und sie zu unserer Sache gemacht. Ich gehe nun für längere Zeit fort, weil ich mich krank fühle. Wenn ich heim komme, will ich Ihnen das Landplätzchen am Hagenbuchweg verschaffen.

Es wird nicht leicht sein, denn wir haben viele und gewichtige Gegner. Der Dekan wird – auch nachdem Sie beim Bischof gewesen sind – nicht auf unsere Seite wechseln. Ein Mensch wie er gibt nicht so schnell nach.»

Bruder Klaus hält den Zug an

Ich muss ein Opfer bringen – ein grosses Opfer – weil der Bischof so gut ist und ich nachträglich weiss, dass Gott alles so gefügt hat. «Ich werde drei Innerschweizerkantone mit dem Velo durcharbeiten», sage ich eines Morgens zu meiner Familie.

«Das kannst du nicht», antworten die Kinder. «Du steigst ja bei jedem Hügelchen vom Rad und wenn ein Auto dich blendet, fährst du aufs Trottoir und fällst um.» «Du erträgst weder Sonne noch Regen und wenn du den Wind nicht im Rücken hast, fährst du wie eine Schnekke», bemerkt mein Mann.

«Ich will es euch beweisen; ich komme erst heim, wenn ich für 1000 Franken Karten verkauft habe. Bruder Klaus hilft mir schon.»

Und eines Tages fahre ich los . Das frisch geölte Rad ist bereits im Zug nach Göschenen im Kanton Uri unterwegs. Ausser einem Regenschutz, den Musterkarten und etwas Toilettensachen habe ich nichts bei mir.

Ich sehe gar nicht so schlecht aus in meinem weiten, grauen Jupe, dem hochgeschlossenen Pullover und dem farbigen Kopftuch. Heute Abend noch möchte ich mit dem Velo von Göschenen nach Wassen zurückfahren, denn der Schnellzug hält in Wassen nicht; dort aber kenne ich die Lehrschwestern und diese werden mir sicher für ein Nachtquartier sorgen.

Der Schnellzug rast dem Gotthard zu. Ich stehe im schmalen Gang und betrachte ängstlich die Gewitterwolken, die sich am Himmel zusammenziehen.

Da zündet der erste Blitz; es kracht und der Donner widerhallt in den Bergen. Bereits prasselt der Regen ans Fenster und grosse Bäche stürzen von den Felsen auf die Strasse und hüpfen in die schäumende Reuss.

Ich sehe die Strasse. Schmal windet sie sich dem Gotthard zu. Und hier die Felsen – abgrundtief! Da soll ich heute Abend hinunterfahren? Das kann ich nicht, ich werde in den Abgrund fallen. Der Totenkopf dort an der Felswand bestätigt es.

Der Zug fährt aus dem Tunnel. Hoch oben auf der Anhöhe winkt das liebliche Kirchlein von Wassen. Immer noch lehne ich am Fenster und schaue auf die vom gelben Schmutz überflutete Strasse. «Bruder Klaus, ich habe Angst, hilf mir!»

Der Schaffner geht durch den Zug. «Göschenen, zehn Minuten Aufenthalt!» ruft er. Nun wird der Zug jeden Augenblick an der kleinen Station Wassen vorüberrasen.

Doch was ist das? Narrt mich ein Spuk? Die Bremsen ziehen an. Ein Ruck – der Schnellzug hält.

Ich nehme Tuch und Tasche, öffne die Tür und springe ab. Der Schaffner flucht, der Vorstand droht.

Der Zug setzt sich wieder in Bewegung. Aus einem Jeep winkt mir ein Mann zu: «Kommen Sie, Ihnen wartet sonst eine Busse!» Ich steige ein – er fährt los – und in fünf Minuten bin ich im Schulhaus bei den Schwestern.

Am folgenden Tage fahre ich nach Göschenen und hole mein Rad. Ich bin nun überzeugt, dass Bruder Klaus den Zug angehalten hat; die Strasse ist schlecht und so steil, dass nur geübte Radfahrer diese hinuntersausen können.

Bruder Klaus steckt mich in das Kleid einer Hausiererin

So schiebe ich das Rad bergab, zum Spott und Gelächter aller jungen Radfahrer und Automobilisten.

Aber ich komme gleichwohl zum Ziele und lande glücklich in der Ebene. Es regnet wieder und ich möchte das letzte Dorf noch erreichen, bevor es Nacht wird.

Der Gegenwind peitscht mir den Regen ins Gesicht. Ich bin vollständig durchnässt. Mit grosser Mühe trete ich in die Pedale. Gottlob ein Licht! Das Dorf!

Heute habe ich für 700 Franken Karten verkauft. Alle Pfarrherren waren so gut und die Lehrschwestern gaben mir dampfenden Kaffee. Ich suche nach einem mir passenden Gasthof, aber alle sind zu nobel für mich; denn so wie ich aussehe, würde mich niemand aufnehmen.

Da, am Ende des Dorfes, ist so etwas Ähnliches wie eine Herberge. Ausser ein paar hingeworfenen Velos steht nichts an der Wand. Der Wind schlägt einen unbefestigten Laden hin und her und die dumpfe Laterne wirft gespenstisch ihre Schatten. Zaghaft betrete ich die Wirtsstube. Einige Männer jassen und trinken Bier. «Könnte ich hier übernachten?» frage ich den Wirt, der am Schanktisch steht.

«Hol die Frau», sagt er zu einem ungefähr sechzehnjährigen Mädchen. Die Wirtin kommt und mustert mich von oben bis unten. Ich erröte, denn aus ihrem Benehmen zu schliessen, hält sie mich für eine Bettlerin.

«Kommen Sie», sie geht voran, einige Treppen höher, dann öffnet sie die Estrichtür und führt mich in einen kleinen muffigen fensterlosen Raum. Das rot gewürfelte Bettzeug, eine Kiste mit einem Becken und ein blinder Spiegel sind alles in diesem erbärmlichen Zimmer.

«Hier können Sie schlafen, das kostet zwei Franken. Ihre nassen Kleider können Sie da im Estrich aufhängen.» Dann geht sie die schmale, ächzende Treppe hinunter.

Die Tropfen des Regenschutzes bilden eine Lache auf dem Bretterboden. Ich finde keinen Lappen, um sie aufzuwischen. Den Jupe hänge ich im Estrich auf, die nassen Schuhe stelle ich daneben.

Eben will ich mich fertig ausziehen, da klopft es an die Tür. Das junge Mädchen steht draussen. «Die Frau Wirtin möchte Sie bitten, die zwei Franken fürs Zimmer heute schon zu bezahlen.»

Einer Landstreicherin traut man nicht, denke ich betrübt und gebe dem Mädchen das Geld. Dann lege ich mich in das muffige Bettzeug. Gottlob sehen mich meine Angehörigen nicht! Ich schlafe ein.

Um sieben Uhr erwache ich. Mein Jupe und die Schuhe sind weg! Gestohlen! denke ich und suche in allen Winkeln des schmutzigen Estrichs. Ich muss mir Schuhe kaufen und einen Jupe. Aber wie? Wenn ich nur aus dieser häuslichen Herberge weg wäre. Ich gehe im Regenschutz und in Strümpfen die Treppe hinunter.

Da kommt die Wirtin aus der Küche. «Kommen Sie, Ihre Kleider sind trocken, auch die Schuhe.»

Erleichtert atme ich auf und trete in die warme Küche. «Sie müssen vielmals entschuldigen, dass wir Sie gestern Abend beleidigt haben. Mein Mann hat mich gescholten, weil ich Sie im Estrich untergebracht habe.»

«Es schadet gar nichts, wenn wir gut gestellten Frauen auch wissen, wie es einer armen Hausiererin manchmal zu Mute ist», antworte ich und gebe der Frau für die getrockneten Kleider ein Geldstück.

Am Vierwaldstättersee

Am letzten Tage dieser Reise sitze ich in einer Bucht des Vierwaldstättersees auf einer Mauer, das Rad neben mir. Ein leichte Bise verjagt die letzten Regenwolken und die Sonne trocknet die nassen Strassen.

Kein Mensch kann glücklicher sein als ich, denn ich habe im Kanton Uri für 1000 Franken Karten verkauft und die Bruder-Klaus-Kapelle rückt wieder etwas näher. Sie soll schön und massiv werden, unsere Kapelle, damit die Menschen, welche die Karten gekauft haben, sich daran freuen.

Es rattert ein Motor. Ein eleganter Sportwagen fährt in die Bucht und ein vornehm gekleideter Herr steigt aus. Er öffnet den Kofferraum und kommt mit dem Angelgerät zur Mauer. Er grüsst, dreht die Schnur auf und schleudert sie ins stille Wasser. Ich sehe dem Fischer zu, beobachte den Zapfen, aber kein Fisch beisst an.

Unermüdlich zieht er die Schnur wieder ein, steckt ein Würmlein an und wirft sie aus. Wenn auch keiner anbeisst, aber wenigstens bekomme ich ruhige Nerven», sagt er und sieht zu mir herüber. «Die haben mich in der Bude ganz verrückt gemacht heute Morgen – da bin ich losgefahren, um mich zu beruhigen.» «Sie haben es aber gut im Leben, dass Sie nur so losfahren können, das kann nicht jeder, wenn er sich ärgert», antworte ich.

«Ich bin selbständiger Kaufmann.» Er sieht wieder auf den Zapfen, der ruhig an der Oberfläche des Wassers schwimmt. Ich nehme mein Notizbüchlein zur Hand und staune noch einmal über die schönen Bestellungen.

«Reisen Sie?» Überrascht sehe ich auf. «Ja und Nein.» «Das ist eine unklare Antwort, die würde in der Schulbank nicht gelten», lacht er und dreht die Schnur auf.

Dann kommt er zu mir, setzt sich auf die Mauer und beginnt zu reden. Er scheint sehr intelligent zu sein und ich fühle mich nach der gestrigen Niederlage fast etwas gehoben. Mit einer Landstreicherin würde er bestimmt nicht sprechen, denke ich. Er erklärt mir die Gegend und sagt mir die Namen der Berge. Dann erzählt er mir aus seinem Leben, über seine Arbeit und seine Angestellten.

«Und was tun denn Sie?» «Ich erarbeite eine Bruder-Klaus-Kapelle mit Kartenverkauf.» «Was ? Gibt es noch so etwas im 20. Jahrhundert?» – Da erzähle ich ihm meine Geschichte. Er sieht die schönen grossen Fische, die nahe der Mauer schwimmen, nicht mehr.

Nachdenklich schaut er in die weite Ferne. Dann liest er die Kartensprüche und bestellt für 20 Franken. Wieder fällt er ins Grübeln. Fast peinlich wirkt diese Stille. Ich spüre, dass er irgend etwas verarbeiten muss.

Er geht zum Auto, versorgt das Angelgerät, kommt zurück und sagt: «Ich bin Katholik, praktiziere aber schon jahrelang nicht mehr. Ich habe mit dem Pfarrer Krach gehabt, ihm den ganzen Kram hingeworfen und nun kommen Sie und erzählen mir diese Geschichte! Kein Pfarrer hätte das fertig gebracht. Ihr Bruder Klaus aber führt mich wieder in die Kirche zurück.»

Das Damenkränzchen

Fragend stehe ich vor dem vornehmen Haus. Die Adresse und die Hausnummer sind doch richtig? Zögernd drücke ich die Klingel. Ein Mädchen öffnet und führt mich in die geschmackvoll eingerichtete Halle.

«Schön, da sind Sie ja, ich habe von Ihnen und Ihrem Vorhaben gehört!» Eine reizende Blondine, die Dame des Hauses, reicht mir die Hand. «Diesen Abend kommen einige meiner Freundinnen zum Tee; da bringe ich mit Ihnen eine nette Abwechslung in unser Kränzchen.»

Nicht ohne leichte Verlegenheit denke ich an meine bequemen Schuhe und die einfachen Kleider. «Leider bin ich jetzt nicht salonfähig angezogen.»

Sie winkt ab. «Jetzt ruhen Sie sich aus, trinken Tee und bleiben schön verborgen, bis ich Sie hole.» Sie geleitet mich in ein kleines, heimeliges Zimmer.

Das Mädchen serviert mir in hauchdünnem Porzellan Tee und reicht mir dazu belegte Brötchen. Interessiert betrachte ich die Stiche und Ölgemälde an den Wänden. «Da bin ich ja in eine schöne Falle geraten!» Ich begegne den kritischen Augen des Reformators Zwingli. Sehen sie mich nicht ein wenig vorwurfsvoll an?

Diese Dame ist reformiert und alle andern sehr wahrscheinlich auch – wenn ich nur entrinnen könnte! Ich finde keine Gelegenheit, weiter über die für mich etwas peinliche Lage nachzudenken, denn die Hausdame erscheint und bittet mich, ihr zu folgen.

Im grossen Salon warten die Damen. Sie grüssen und lächeln mir zu und da es sich so schickt, lächle ich zurück. «Bitte, erzählen Sie uns nun Ihre seltsame Geschichte!» Die Dame des Hauses steht neben mir und legt mein Kartenbuch auf den Tisch. Ich erzähle von meiner Krankheit, der Reise nach Sachseln, von meiner Heilung, dem Auftrag von Bruder Klaus und während des Erzählens verblasst alles.

Das vornehme Milieu, die gepflegten Frauen, die kostbaren Blumen, das Bild des Reformators im Nebenzimmer – alles. Niemand unterbricht mich. Die Gesichter um mich sind bewegt, kein Hass oder Zweifel entstellt sie. Eine dunkelhaarige schöne Frau lehnt am Kamin und ihre schlanken Hände spielen mit ihrer langen Kette.

«Das ist doch fast unmöglich, dass Sie mit dem kleinen Ertrag dieser Karten ein solches Werk errichten wollen! Woher nehmen Sie denn die Kraft und die Ausdauer, um das alles zu tun, zu ertragen und immer wieder von vorne anzufangen?»

Ich wage Ihnen das fast nicht zu sagen, da Sie ja alle reformiert sind – ich habe schon so viel Bitteres erlebt.

«Die Kraft, dies alles zu tun und durchzuhalten, bis das Wiedervereinigungswerk auf dem Platz steht, wo es stehen soll, diese Kraft hole ich in der heiligen Messe.»
«Dann sind Sie ja katholisch?»

«Nein, das bin ich nicht; in meinen Adern fliesst beiderlei Blut, das rebellische protestantische meiner Mutter und das ruhige mystische meines katholischen Vaters.»

«Sie glauben also so stark an eine Macht der Messe?»

«Ja, ich bin felsenfest von dieser Macht überzeugt und kann sie Ihnen beweisen. Am Nachmittag habe ich in der Wallfahrtskirche zu Sachseln bis abends spät um meine Gesundheit gebetet und gerungen; doch erst am folgenden Morgen, unmittelbar nach der heiligen Messe, bin ich erhört und geheilt worden.»

Zwischen zwei Zügen

Eine Minute zu spät! Eben schliessen die automatischen Türen. Der Schnellzug fährt aus der Halle. Weisse duftige Abschiedstüchlein flattern im Wind. Die langen, grünen Wagen verschwinden im nahen Tunnel. Die Menschen verlaufen sich. Ich stehe allein.

Was tun? Der nächste Zug fährt erst in drei Stunden. Es ist Samstag Abend; die Glocken läuten den Sonntag ein. Langsam schlendere ich in die Stadt zurück.

Auf dem Kirchplatz tummeln sich die Kinder, sie spielen Ball. Vereinzelte Gläubige betreten die Kirche.

«Zur Beicht», denke ich und setze mich auf eine Bank. Die Worte meines Schwagers geistern mir durch den Kopf. Vom Bade erfrischt, jeden Samstag sich wiederholend wie ein Gebet seufzt er jeweils: «So, jetzt wäre ich sauber, wenn ich jetzt nur noch meine Seele waschen könnte; man hätte uns die Beicht nicht wegnehmen dürfen.» Doch unerbittlich gegen alles, was katholisch ist, mit eisigem Gesicht meine Schwester: «Sei froh um deine innere Freiheit, die können dir auch nicht helfen. Hilf dir selbst, so hilft dir Gott.»

«Entschuldigen Sie!» Ich hebe den Kopf. Eine blasse gut angezogene jüngere Frau lässt sich neben mir nieder. Abwesend verfolgt sie den hüpfenden Ball. Unruhig beobachtet sie die Kirchentür. Peinliche Stille. Ich räuspere mich und krame in der Tasche, studiere das Kursbuch.

Diese Frau leidet, sie ist unglücklich, wenn ich ihr nur helfen könnte! Verschämt wischt sie die Tränen, doch glitzernd hängen sie im dunklen Kleid. Dann schluchzt sie auf. «Kann ich Ihnen helfen?»

Erschreckte, tieftraurige Augen sehen mich an. «Niemand kann mir helfen, auch Sie nicht – oder –».

Sie denkt nach, «sind Sie von hier, haben Sie hier Bekannte?» «Nichts von beidem, mir ist der Zug abgefahren, nun warte ich eben hier.» «So, Sie sind fremd. Sind Sie katholisch?» «Nein, das bin ich nicht, aber das will nicht heissen, dass ich Sie nicht verstehen könnte. Ich habe in meinem Leben viel Schweres durchgemacht.»

Ich sage alles behutsam, monoton, um nicht zu interessiert oder aufdringlich zu wirken. «Reisen Sie um acht Uhr, da fahren die Schnellzüge?»

«Ja, ich bin um elf Uhr wieder daheim.» «Könnten Sie mir versprechen zu schweigen, auch wenn Sie mich nicht kennen. Dann könnte ich Ihnen alles erzählen, damit mir leichter wird – damit ich keine Dummheiten mache. Helfen Sie mir, ich bin am Ende!»

Der Abend bricht herein. Der Kirchplatz ist leer. Dort in der Ecke liegt ein roter vergessener Ball. Zusammengesunken, den Blick auf den Boden gerichtet, sitzt die Frau.

«Wie oft bin ich schon hier auf dieser Bank gesessen, immer allein – so allein – und habe mich nicht hinein gewagt.» Sie sagt es wie zu sich selbst – tonlos.

«Da Sie doch Ihre Schuld so bereuen und alles ablegen wollen, wie sollte Gott, der die Liebe selber ist und sich für uns arme sündige Menschen am Kreuze geopfert hat, Ihnen nicht verzeihen! Zudem sind Sie jetzt nicht mehr allein, ich begleite Sie. Sie werden Ostern feiern wie nie.» Meine Stimme klingt so überzeugend, so sicher. Fast ungläubig und doch hoffend sieht sie mich an.

Ich nehme die Frau am Arm, ziehe sie sachte auf und führe sie in die Kirche. «Ich bete unterdessen für Sie, aber bekennen Sie alles», flüstere ich ihr zu.

Das schwach erleuchtete Gotteshaus ist leer. Die Altäre sind ungeschmückt – Leidenszeit – Busszeit. Im hintersten Beichtstuhl wartet der Priester, das Leuchtglas verrät seine Anwesenheit. «Gehen Sie jetzt, ich warte.» Den Kopf auf die Banklehne gelegt bete, warte und harre ich. Ich wandere weit zurück, durch mein eigenes Leben, durch Sünden, eigene Schuld.

Auch ich bekenne in der hintersten Bank. Da – Schritte. Die mir so bekannte unbekannte Frau steht neben mir – sie lächelt. Ist sie es wirklich? Ungläubig, immer noch in meine eigene Andacht vertieft, starre ich sie an.

Sind es die Farben der herrlichen bunten Scheiben? Ist es das abendliche hereinfallende Licht? Ich kenne die Frau nicht mehr, sie ist schön – ihre Seele strahlt aus den Augen, sie hat den Frieden gefunden.

Sie kniet nieder. Leise, um sie nicht zu stören, verlasse ich das Gotteshaus. Benommen, verwirrt, stehe ich auf dem Kirchplatz. Ich habe etwas Grosses, Übernatürliches erlebt: Ja, man hätte uns die Beicht nicht wegnehmen dürfen. Langsam, nachdenklich gehe ich durch die abendliche Stadt dem Bahnhof zu – und funkensprühend, donnernd fährt der Zug in die Halle.

Der Rosenkranz

«Ich glaube, ich kann nie katholisch werden – alles was die Kirche lehrt, glaube ich, aber wenn ich an den Rosenkranz denke – dann...» «Was dann?» Der Bergpfarrer mit seinen klugen Augen, die einem bis in die Seele schauen und dem Schalk um den Mund sieht mich fragend an. «Reden Sie nur offen, ich liebe aufrichtige Menschen», sagt er und streichelt liebevoll über den schönen Kopf seines Hundes, der neben ihm sitzt.

«Ach, ach, dieses Geplapper, immer das gleiche, hundert Mal – oder noch mehr. Kann da ein Mensch überhaupt noch darüber nachdenken, was er betet? Ja, wenn es per Meter oder Gewicht ginge, könnte ich es noch verstehen. Nun, es kommt mir einfach vor, wie eine Gebetsmühle.»

«Der Rosenkranz ist ein sehr schönes betrachtendes Gebet – darum wiederholt er sich. Er vermittelt viele Gnaden und ich glaube nicht, dass der Himmel kleinlich rügt, ob er schnell oder gewählt in klaren Worten gebetet wird. Es kommt auf den guten Willen an – dieser ist massgebend», antwortet der Pfarrer. «Ja, aber es heisst doch: Gehe in dein Kämmerlein!», wage ich noch einmal einzuwenden. «Und in Fatima hat die Muttergottes gesagt: Betet den Rosenkranz!», ergänzt der Pfarrer.

«Nun, ich will Sie ja nicht katholisch machen. Ich schätze Menschen, die überzeugt sind – aber sind Sie denn so überzeugt? Können Sie über etwas urteilen, das Sie gar nicht kennen?»

Der Schalk sitzt immer noch in seinen Mundwinkeln. «Warten Sie, ich hole Ihnen etwas.» Der Hund spitzt die Ohren, springt auf, wedelt mit dem Schwanz und öffnet die Tür. Sein Herr folgt ihm ins Studierzimmer. Ich höre das Auf- und Zuschieben von Schubladen – dann kommt der Pfarrherr zurück und legt mir einen braunen hölzernen Rosenkranz und ein kleines illustriertes Büchlein in die Hand. «Das schenke ich Ihnen. Betrachten Sie dieses Gebet. – Sie haben ja eine regsame Phantasie – und Sie werden sehen –.»

Den Rosenkranz trage ich bei mir. Er ist mein Amulett. Wie gerne denke ich an diesen Nachmittag im heimeligen Bergdorf, an den gescheiten Pfarrer, an seinen Hund und den herrlichen Kaffee, den die Köchin eigens für mich gebraut hat.

Wohl hängt die Schnur bei gefährlichen Velotouren an der Lenkstange meines Rades. Ich vermisse sie, wenn sie nicht über dem Bruder-Klausen-Bild in meinem Zimmer hängt oder nicht in meiner Tasche ist, wenn ich auf Reisen bin. Aber gebetet habe ich ihn noch nie. Immer noch gehe ich in der Kirche durch die andere Tür wieder hinaus, wenn ich das monotone «Gegrüsst seist du, Maria» höre.

Doch eines Tages – ich bin eine Wegstunde von zu Hause entfernt, sehe ich nur noch die Schlusslichter des letzten Postautos, das mich hätte heimbringen sollen. Was nun? Natürlich, ich gehe zu Fuss – es gibt nichts anderes, will ich nicht hier übernachten. Wohl bekomme ich ein unangenehmes Gefühl, wenn ich an die grosse Thurbrücke denke, an das Wäldchen vor- und nachher – an die Thurebene.

Doch mutig nehme ich den Weg unter meine Füsse und komme immer näher und näher zur gefürchteten Brükke. Ich höre das gurgelnde Wasser, das an die Brückenpfeiler schlägt, und dort das Wäldchen – hat sich nicht etwas bewegt?

Ich halte an, starre hinüber, aber alles ist still. Mein Herz klopft, der Puls schlägt schnell. Angsterfüllt greife ich in die Tasche – gottlob der Rosenkranz! Ich halte ihn fest in die Hand gepresst. «Maria schütze mich!» sage ich leise und ziehe ihn hervor. «Ich will ihn nie mehr kritisieren, wenn du mir hilfst», bekenne ich reuig. Da bete ich den Glauben, das Vaterunser und falle, wie wenn es immer so gewesen wäre, in das «Gegrüsst seist Du, Maria.» Die Perlen gleiten durch meine Finger – ich werde ruhig.

«Den Du, o Jungfrau zu Elisabeth getragen hast.» – Ich sehe die Jungfrau zart und mild, wie sie durch Täler, Hügel, über Brücken, auf steinigen, gefährlichen Wegen auf dem Wege zu Elisabeth ist.

Da werde ich still. Ein grosses Vertrauen kommt über mich. Tapfer gehe ich weiter und sehe die ersten Lichter meines Wohnortes.

Seither verlasse ich die Kirche nie mehr, wenn ich das Rosenkranzgebet höre. – Im Gegenteil – seit ich die Gnade und die Kraft aus diesem Gebet fühle, ziehe ich ihn – den Rosenkranz, aus meiner Tasche und stimme dankbar mit ein in das «Gegrüsst seist Du, Maria».

Bruder Klaus

«Ausgerechnet diesem davongelaufenen Einsiedler, der seine Frau und zehn Kinder im Stich gelassen hat, wollen Sie im Thurgau eine Kapelle bauen. Dieser Mann hätte ins Narrenhaus gehört – statt dessen spricht ihn die katholische Kirche nach 500 Jahren heilig.»

Die sonst nette Bauern- und Hausfrau steht empört im Hausflur, umgeben von ihren fünf Kindern, drei Buben und zwei Mädchen. «Mein Mann leidet unter den Katholiken und ist darum gegen alles, was katholisch ist. Er wird den Kindern nie erlauben, die Karten im Dorf für diese Kapelle zu verkaufen. Wissen Sie, die hiesigen Katholiken geben ein schlechtes Beispiel. Die frommen Frauen gehen jeden Tag zur Messe und bringen nachher mit ihrer Klatschsucht das ganze Dorf durcheinander.»

«Ich kann Ihnen über all das, was Sie empört, keine Antwort geben.

Aber Bruder Klaus, der Einsiedler, ist seiner Familie nicht davongelaufen; darüber könnte ich Ihnen und Ihren schulpflichtigen Kindern etwas erzählen.»

«O ja, Mutter, Du hast uns gestern eine Geschichte versprochen.» Die Frau denkt nach, dann öffnet sie die Stubentür und die Kinder stürmen hinein. Die Kuckucksuhr schlägt fünf Uhr. Die Mutter nimmt den Flickkorb, die Strumpfkugel gleitet in den Socken. Ich beginne:

«Wenn ihr einmal von Luzern über den Brünig ins Berner Oberland fährt, dann kommt ihr am lieblichen Sarner- und Lungernsee vorbei. Da findet ihr, eingebettet in Wälder und Hügel, das jetzt berühmte Bruder-Klausenland. Dort hat vor 500 Jahren der Klausner, von dem ich euch jetzt erzähle, gelebt. Vielleicht unterbrecht ihr eure Reise und besucht in der grossen Wallfahrtskirche zu Sachseln das Grab von Bruder Klaus.

Oder ihr wandert gar zu Fuss ins Flüeli hinauf – dann steil hinunter in den Ranft. Überrascht und beeindruckt von der grossen Stille, die nur durch das Plätschern der Melchaa und das Zwitschern der Vögel unterbrochen wird, steht ihr vor der Klause des Einsiedlers. Mehr will ich euch nicht verraten. Aber jeder Mensch mit Gefühl und innerem Empfinden wird beim Betreten dieser Zelle spüren, dass ein Mensch unmöglich, wenn er vom lieben Gott nicht geführt und begnadet ist, 20 Jahre ohne Nahrung hier leben kann. Von seinem 50. Lebensjahr bis zu seinem Tode hat Bruder Klaus nichts mehr gegessen. Gott hat in ihm dieses grosse Wunder gewirkt.

So, wie ihr drei, so war der kleine Niklaus von Flüe, der mit seinen Geschwistern auf dem elterlichen Hof im Flüeli aufwuchs, ein fröhlicher gesunder Bub. Im Laufe der Jahre jedoch, als Niklaus älter wurde, merkten seine Eltern und Angehörigen, dass er anders geartet war, als andere Kinder. Laute, ausgelassene Fröhlichkeit freute ihn nicht. Ja, wenn die Buben spielten und sich tollten, sonderte er sich ab, ging in die Einsamkeit oder sonst an einen stillen Ort und betete. Er fühlte sich zum unsichtbaren Gott hingezogen, dachte an himmlische Dinge, löste sich von allen weltlichen Genüssen, fastete und arbeitete viel.

Er war ein folgsamer Knabe und Jüngling. Seine freie Zeit verbrachte er am liebsten in der Klause bei einem frommen, verwandten Waldbruder. Dieser erzählte ihm von Gott, unterrichtete ihn im Gebet und weckte in Niklaus den Wunsch zum Einsiedlerleben.

Auch als Niklaus zum Manne reifte, einen eigenen Hof, Frau und Kinder hatte, blieb er trotz der vielen Arbeit und den grossen Familienpflichten ein stiller gottesfürchtiger Mann. Durch die Mithilfe seiner beiden älteren Söhne vermehrte sich der Wohlstand rasch. Die Familie von Flüe galt als geachtet weit und breit. Niklaus, ob seinem gerechten Sinn, seiner gradlinigen und tiefen Frömmigkeit, wurde zum Ratsherr, Richter und im Militärdienst zum Hauptmann ernannt.

Da ich mich heute noch ungern und mit gemischten Gefühlen an die Jahreszahlen der Schweizergeschichte und den Arrest, den sie mir eingetragen, erinnere, so möchte ich euch so wenig als möglich davon erzählen. Ihr kennt ja aus dem Schulbuch die Eroberungszüge der Eidgenossen. Leider muss ich diese erwähnen, sonst wäre euch manches unklar, was nun in der Geschichte weiter geschieht.

Trotz der hohen Ämter, die es Niklaus, dem Bauern, ermöglicht hätten, vom Kriege fern zu bleiben, ging er mit, wie immer gehorsam, treu dem Vaterland und streng und unerbittlich mit sich selbst.

Bei der Eroberung des Thurgaus war er dabei. Das Kriegshandwerk mit all dem Drum und Dran war ihm sehr zuwider. Er versuchte stets, die Männer in Schranken zu halten. Im Thurgau rettete er mit seinem gerechten Einspruch das Kloster St. Katharinental bei Diessenhofen vor der Zerstörung.

Nun rackerten sich die Bauern von Ob- und Nidwalden mit ihren steilen Äckern, die sich bis zu den Felsen erstreckten und auf denen das Korn und die Frucht nur mangelhaft gediehen, nicht länger ab, sondern betrieben Viehzucht.

Den Ackerbau mussten die beiden eroberten Flachkantone betreiben und das Korn abliefern.

Die Ob- und Nidwaldner wurden reich. Doch mit dem Reichtum und Wohlstand kamen, wie das ja oft so ist, Neid, Zwietracht und Streit ins Land.

Niklaus als Richter und Ratsherr spürte diese neue Strömung am meisten. Er litt darunter. Des Nachts, wenn seine Familie schlief, stand er auf, ging in die Stube und betete. Er sah Dinge voraus und ahnte das Unheil, das dem Land und der Kirche drohte.

Gott will ein Opfer. So, wie Abraham seinen Sohn opfern sollte, und so wie Christus sich selbst am Kreuze geopfert hat, dass wir in den Himmel kommen, so verlangt Gott jetzt ein Opfer von ihm selbst, damit der schreckliche Krieg aufhöre und die Menschen besser werden – damit es keinen Bruderkrieg gibt.

Bruderkrieg ist, wenn die Schweizer uneinig sind und gegen sich selbst Krieg führen.

Und ein Opfer ist, wenn eure Mutter schwer krank liegt und ihr miteinander ohne zu murren die Arbeiten in Hof und Haus verrichet.

Oder ihr geniesst keine Süssigkeiten und schenkt das Geld einem armen Menschen, bis eure Mutter wieder gesund ist.

Das ist ein kleines Opfer. Es kann für euch aber gross sein, weil ihr etwas macht, das ihr sonst nicht tut, oder freiwillig auf etwas verzichtet. Nun versteht ihr den Sinn vom Opfer und ich kann euch weiter erzählen.

Gott verlangt von Niklaus, dem Bauern, ein grosses schweres Opfer. Gott wünscht, dass Niklaus seine Familie verlässt, in der Einsamkeit lebt, betet und fastet, bis er stirbt.

Nach inneren schweren Kämpfen und nachdem sich Niklaus einem jungen Priester aus der Nachbarschaft anvertraut hat, sagt er das Ja zu Gott. Mit schwerem Herzen redet nun Niklaus mit seiner Frau; diese ahnt schon alles. Sie spürt, wie ihr Mann innerlich kämpft und leidet. Oft in der Nacht, wenn sie erwacht, ist das Bett von Niklaus unberührt und sie findet ihn betend und ringend vor dem Gotteskreuz in der Stube.

Durch eifrige Zwiesprache mit Gott erkennt Dorothea, dass ihr Mann zu etwas Grossem und Einmaligem berufen ist. Heimlich weint sie heisse Tränen; dann aber ringt sie sich durch, überwindet den ersten, bitteren Schmerz und gibt den Vater ihrer Kinder, den sie sehr liebt und mit dem sie immer in grosser Harmonie gelebt hat, frei.

«Wir können nicht in den Plan Gottes einbrechen, uns nicht der Allmacht widersetzen. Ihr müsst euch fügen», sagt die tapfere Dorothea zu den beiden älteren Söhnen, die den Vater nicht verstehen wollen und sich vor den Leuten im Tal unten schämen.

So hat die Mutter nicht nur den Vater frei gegeben, sondern sie hat ihm selbst den Weg bei ihren Kindern geebnet.

So wie eure Mutter jetzt da sitzt und für euch Socken stopft, so sehen wir nun Frau Dorothea am Fenster im «Schübelacker» sitzen. Neben ihr steht die Wiege des kleinen, zehn Wochen alten, schlafenden Kläusli. Die

Mutter sieht nicht auf. Emsig gleitet die Nadel durch den braunen, handgewobenen, rauhen Stoff.

«Was glaubt ihr nun, was die Bäuerin näht?» Die Buben schweigen, aber die Mädchen wissen es. «Sie macht für ihren Mann eine Kutte, so wie sie die Kapuziner tragen, die hie und da in unserem Dorf in der katholischen Kirche predigen.» «Genau so ist es. Sie selbst hat den Stoff gewoben – und nun arbeitet sie am Einsiedlergewand.» Das Bübchen bewegt sich und erwacht. Die Mutter legt ihre Näharbeit sorgsam in die Truhe und beugt sich über die Wiege.

Da strahlt ein Lächeln über das kleine liebliche Gesicht. «Wenn du wüsstest, Kläusli», sagt sie mit bewegter leiser Stimme. Dann nimmt sie das Kind auf und geht mit ihm zum Gotteskreuz. «Hilf Du mir, Herrgott, dass ich alles ertragen kann und stark bleibe – und mache bitte, dass der Kläusli, der nun keinen Vater mehr hat, brav und tüchtig wird.»

Der liebe Gott hat die Bitte erhört. Kläusli wurde ein prächtiger Knabe und Jüngling und später Pfarrer von Sachseln. Niklaus, der Bauer, übergibt den beiden ältesten Söhnen den Hof. Sie versprechen, für die Mutter und die Geschwister zu sorgen. Den kleinen Kläusli aber legt der Vater der Mutter in den Arm: «Das ist das Pfand unserer Liebe, erziehe ihn gut.»

Nun glaube ich, dass ihr die Geschichte und Niklaus, der für unser schönes Schweizerland das grosse Opfer gebracht hat, versteht. Dass ihr nicht böse und geringschätzig über ihn redet und dass ihr andere Kinder, die ganz falsch unterrichtet sind, aufklärt. Auch ich habe nur immer das geglaubt, was man so landläufig erzählt, dass Niklaus seiner grossen Familie überdrüssig geworden und davongelaufen sei.

Traurig ist wohl der Abschied von seiner Familie. Der Vater segnet alle. Mit der braunen Kutte angetan, barfuss und nur mit einem Stock in der Hand verlässt er seine Familie und seinen blühenden und schönen Hof.

Und nun sind wir wieder am Anfang unserer Geschichte angelangt. Weit unten in der Schlucht, umgeben von uralten Tannen, in einer kleinen armseligen Hütte an einer Kapelle angebaut, haust nun Bruder Klaus. Er schläft auf einer schmalen Holzbank, sein Kopfkissen ist ein grosser schwerer Stein.

Er lebt ohne Nahrung. Dadurch sehen die Leute im Tal, dass Gott in ihm ist, sie zürnen ihm nicht mehr – im Gegenteil – sie verehren ihn.

Von weit her kommen die Menschen und holen sich Rat und Trost bei Bruder Klaus, denn schnell wie ein Lauffeuer verbreitet sich die Kunde über den Einsiedler und das Wunder der Nahrungslosigkeit.

Auch Dorothea mit dem lieben Kläusli an der Hand kommt zu Bruder Klaus. Sie erzählt von daheim.

Zwanzig Jahre opfert und betet Bruder Klaus, bis Gott ihn heimholt in den Himmel. Ich könnte euch viele wunderbare Dinge über ihn erzählen, aber es würde zu weit greifen, und ich müsste gar bei euch übernachten.

«Sie können ruhig mit uns zu Abend essen und auch da schlafen, wir haben genügend Platz. Zudem will ich mit meinem Mann reden, damit er den Kindern erlaubt, die Karten für diese Kapelle im Dorf zu verkaufen», sagt die Bäuerin und sieht mich freundlich an. «Die Geschichte ist noch nicht zu Ende.» Die Kinder sehen mich fragend, ungeduldig an. «Ja, ihr habt recht. Die Geschichte fängt eigentlich erst an – sie ist überhaupt nie zu Ende.

Von überall her kommen die Menschen an die Beerdigung von Bruder Klaus. Traurig läuten die Totenglokken. Traurig gehen die Männer und Frauen hinter dem Sarg. In der Kirche zu Sachseln wird Bruder Klaus beigesetzt. «Er ist ein heiliger Mann», schluchzen die Frauen. «Er hat die Schweiz vor dem Kriege bewahrt», sagen die Männer. «Er hat uns allen geholfen», bekennen alle. Dann gehen sie auseinander.

Wenn Bruder Klaus schon zu Lebzeiten ein heiliger Mann war und 20 Jahre lang ohne Nahrung gelebt hat, dann ist er im Himmel – und wenn er im Himmel ist, dann ist er bei Gott. Und wenn er bei Gott ist, kann er mit dem allmächtigen Gott reden, ihm von unseren Anliegen, Sorgen und Nöten erzählen. Gott aber wird ihm keine Bitte abschlagen, weil Bruder Klaus das grosse Opfer gebracht hat. So denken die Leute.

Sie pilgern darum zu seinem Grabe, sie reden mit ihm, gleich so, wie wenn er noch leben würde und bitten ihn, er möge doch bei Gott ein gutes Wort einlegen. Sie kommen mit allen Anliegen, mit Kranken und Hilflosen, sie rufen ihn an. Und siehe, viele, die da gekommen sind, wurden erhört und geheilt.

So habe auch ich von Bruder Klaus gehört und pilgerte schwer krank, als reformierte Frau nach Sachseln. Wenn man so hoffnungslos krank ist, hat man nur noch einen Wunsch, nämlich gesund zu werden. Meine innere Not war so gross – mein Glaube jedoch noch grösser. Auch ich wurde erhört und geheilt.

Und weil ich reformiert bin und wir Reformierten die Fürbitte und Macht der Heiligen nicht anerkennen dürfen, weil die Reformatoren das so angeordnet haben, da stiess ich, wollte ich davon reden, überall auf Abwehr und heftigen Widerstand. Da schwieg ich – und auch mein Mann schwieg und unsere Kinder waren noch zu klein, um dies zu erfassen.

Wir würden wohl heute noch schweigen, wenn nicht Bruder Klaus selbst eingegriffen hätte. Er gab mir den Auftrag, mit dem Erlös dieser selbst verfassten Spruchkarten im Thurgau eine Friedenskapelle zu errichten. Eine Kapelle, in der man nicht fragt, bist du katholisch oder bist du reformiert – ganz einfach eine Kapelle für alle Menschen. Und darum bin ich heute zu euch gekommen, um diesen grossen Bruder-Klausenauftrag in alle Häuser und zu allen Menschen zu tragen. Ja, manchmal scheint es mir, ich sei eigens um dieses Werk zu erstellen, in Sachseln geheilt worden. Und da ihr nun helfen dürft, danke ich euren Eltern von ganzem Herzen. Bruder Klaus möge es euch vergelten.

Unser Hausarzt

«So, so, Sie sympathisieren mit der katholischen Kirche, Sie sonderliche Person. Ihnen mag ich es eigentlich gönnen, wenn Sie unter diesen Druck kommen. Man gibt doch seine innere Freiheit nicht ohne weiteres oder um einer momentanen Laune willen auf!»

Mein Hausarzt, der mich kennt und mir nicht nur in schweren Krankheiten, sondern auch in Lebensfragen geraten und geholfen hat, schaut mich mit durchdringenden, blauen Augen kritisch an. «Was zieht Sie eigentlich dorthin? Wohl ihr Bruder Klaus, der Weihrauch, die blumengeschmückten Altäre, die prächtigen Gewänder der Priester. – Das sind doch alles nebensächliche Dinge, mit denen man nicht selig wird!»

«Diese Dinge gefallen mir alle auch, aber diesmal halte ich mich an das Wesentliche – die heilige Messe.

Bin ich doch in Sachseln nach der heiligen Messe geheilt worden und seither zieht es mich, gegen meinen eigenen Willen und meine streng protestantische Erziehung immer dorthin zurück.

Ja, Herr Doktor, ich könnte Ihnen so manches erzählen, was ich durch die heilige Messe erlebe. Was den Druck anbelangt, von dem so viel gesprochen wird – es würde sich lohnen, ihn einmal auszuprobieren. Vielleicht kann man gar katholisch sein ohne Druck.»

«Nun, ich bin ja nicht Ihr Vormund. Ich sage nur das, was ich denke, weil ich Ihren bis ins Exzentrische freien

Geist kenne. Da möchte ich Sie warnen vor einem Schritt, den Sie vielleicht einmal bereuen!»

Drei Jahre später. – Wieder sitze ich neben dem Pult meines Arztes. Forschend ruht sein Blick auf mir. «Sie haben sich nicht verändert. Sie sind sich treu geblieben, obwohl Sie nun also katholisch sind.»

«Ja, Herr Doktor, ich hätte den Druck gerne ausprobiert, aber ich habe ihn nie zu spüren bekommen. Ich rede und handle wie vorher – niemand beeinflusst mich, und niemand befiehlt mir. Ich fühle mich frei, glücklich und zufrieden und kann Ihnen offen und ehrlich bekennen: Man kann auch katholisch sein ohne Druck!»

Der Kampf um die Kapelle

«Man will Ihre Kapelle in Frauenfeld nicht. Alle lehnen sich dagegen auf», sagt der Bürgerpräsident, der von seinen Erholungsferien längst zurückgekehrt ist.

«Ich habe mit den reformierten Pfarrherren unserer Stadt gesprochen und sie auf die schöne Bruder-Klausen-Idee aufmerksam gemacht. Sie erklären jedoch, dass Bruder Klaus mit dieser Idee etwas plant und im Laufe der Jahre die Protestanten in die katholische Kirche zurückführen werde.

Darum sind sie strikte dagegen und haben Ihrem Werk den Kampf angesagt.» – «Wollen Sie lieber den Kommunismus als diese Bruder-Klaus-Kapelle?» frage ich. Er schaut mich nachdenklich an.

«Dieses Land werden Sie wahrscheinlich auch nicht erhalten. Während meiner langen Abwesenheit haben die Gegner ganze Arbeit geleistet.

Ich muss am nächsten Donnerstag die Landabtretung im Verwaltungsrat der Bürgergemeinde vorbringen. Doch ich muss Ihnen im voraus sagen, dass es schief gehen wird. Die Verwaltungsmitglieder sind von den Gegnern aufgehetzt.»

«Aber ich bin doch auch Bürgerin der Stadt; das mag doch auch eine wesentliche Rolle spielen.»

«Auch das habe ich vorgebracht, aber alles nützt nichts. Wenn man nicht will, findet man hundert Gründe, etwas abzulehnen.»

Die Abendsonne wirft ihre Strahlen ins Büro. Erst jetzt gewahre ich, dass der Bürgerpräsident sich gar nicht erholt hat. Seine schönen Hände sind noch schmäler geworden; seine Augen liegen tief in den Höhlen und ein Leidenszug umrahmt seinen Mund. Hat er meine Gedanken erraten?

Er schaut mich an. «Ich bin nur körperlich krank, mein Geist aber ist gesund und zuletzt kommt es ja doch auf den Geist an.»

Ein Schimmer glänzt in seinen Augen. Dann schlägt er mit seiner Hand auf den Tisch. «Also, ich will am Donnerstag die Abstimmung durchführen. Wir sind elf Mitglieder, davon sind neun protestantisch, zwei katholisch, aber nur einer von diesen beiden praktiziert. Erschrekken Sie nicht, wir stehen heute neun gegen zwei.»

Die Abstimmung

«Was, neun gegen zwei! Dann ist ja alles verloren – zwecklos.» «Es ist nie etwas verloren, das man nicht selber aufgibt. Sie waren ja auch verloren und sind in Sachseln gesund geworden. Da muss eben Ihr Bruder Klaus wieder ein Wunder wirken.» «Ja, das muss er, ich gehe zu ihm.» Entschlossen stehe ich auf und verabschiede mich. «Ich fahre sofort nach Sachseln, dann haben wir alles getan, was wir tun können.»

«Neun zu zwei», sage ich zu Bruder Klaus an seinem Altar. «Bruder Klaus, stimme du diese Männer um. Wenn die Kapelle am Hagenbuchweg erstellt werden soll, musst du eingreifen.» Ich bitte den Bruder-Klausen-Kaplan eine hl. Messe zu lesen.

Weil ich genügend Zeit habe, entschliesse ich mich, nach Einsiedeln zu fahren, um auch der hl. Maria meine Bitte vorzubringen. Ich knie in der Gnadenkapelle. Es ist Mittag und alle Pilger sind beim Essen. «Maria, bitte du bei deinem allmächtigen Sohne, dass wir das Land für den Kapellenbau erhalten. Nach menschlichem Ermessen ist alles verloren.» Ich bitte lange und sehe sie an – da auf einmal gibt sie mir ein Zeichen! Nun bekommen wir das Land! Ich bin felsenfest überzeugt, dass am Donnerstag Abend bei der Sitzung das Wunder geschieht.

Und das Wunder ist geschehen: «Sechs Ja, zwei Nein bei drei Enthaltungen», sagt der Bürgerpräsident am Telefon. «Kommen Sie sofort, ich will Ihnen alles erzählen.»

Der Bürgerpräsident stirbt

Es ist Herbst geworden. Das Plätzchen Land am Hagenbuchweg ist im Grundbuchamt eingetragen als Bauplatz der Bruder-Klaus-Kapelle von Frauenfeld. Der Bürgerpräsident ist krank geworden. Kurz nach der Abstimmung legte er sich nieder, um von seiner heimtükkischen Krankheit dahingerafft zu werden.

Eines Abends im Spätherbst sitzen er, seine Frau und ich zum letzten Mal in seinem Salon zusammen. Er steht vor einer schweren Operation und will mich vorher noch einmal sprechen. Ich weiss, dass ich ihn zum letzten Mal sehe in diesem Leben und er weiss es auch. All das, was er mir vor seinem Tod gesagt hat, habe ich in meinem Herzen bewahrt.

Er streicht sich über die Stirn und spricht: «Ihre Geschichte, die Heilung in Sachseln, der Auftrag und der Kampf kommen mir vor wie ein Theater.

Ja, wir stehen auf einer Bühne – auf der Bühne des Lebens. Wir spielen unsere Rollen, Sie die Ihrige – der Dekan die seinige und ich die meinige.

Immer mehr Spieler kommen dazu – sie treten auf – sie treten ab – aber die Hauptdarsteller bleiben in ihren Rollen bis zuletzt. Sie sind Hauptdarstellerin und der Dekan ist Ihr Gegenspieler.

Kann er nun mitten im Spiel seine Rolle aufgeben? Nein, das kann er nicht – er spielt sie zu Ende. Ich bin vor drei Jahren dazu gekommen und habe alles getan, was ich tun musste. – Wenn ich nicht mehr bin, wird Bruder Klaus einen anderen einspannen.»

Seine Frau fängt zu weinen an und verlässt das Zimmer. Ich sitze da, ergriffen bis in die innerste Seele – ich atme kaum.

«Sie werden um den Platz dort oben kämpfen, wenn ich nicht mehr bin», sagt er leise. «Sie dürfen den guten Boden nie verlassen und müssen so handeln, wie ich Sie gelehrt habe.

Wir müssen alles verantworten vor Gott und Jesus Christus und vor Niklaus von Flüe. Vor alle drei darf ich hinstehen, wenn ich gestorben bin.»

«Reden Sie nicht weiter, Herr Doktor, Sie können mich doch nicht verlassen. Ich werde ohne Sie mit meinen Gegnern nie fertig.»

«Ja, Sie nicht, aber Ihr Bruder Klaus.» Ich stehe auf. Wie dankbar bin ich um das gedämpfte, ruhige Licht der Stehlampe. Ich gebe meinem verehrten Bürgerpräsidenten die Hand, wir nehmen Abschied für immer.

Ich habe mich zusammengerissen bis zuletzt. In der Anlage, in die ich flüchte, weine ich laut auf. «Herrgott, nimm ihn mir nicht! Bruder Klaus, hilf ihm, dass er nicht stirbt.»

Die Pläne Gottes sind nicht unsere Pläne – der Bürgerpräsident stirbt nach seiner schweren Operation.

Die Feinde der Kapelle treten hervor

Viele Jahre habe ich gearbeitet. Es ist Frühling. Am Hagenbuchweg ist die Bruder-Klaus-Kapelle von Frauenfeld ausgesteckt. Eines Abends, es ist bereits dunkel, gehe ich mit meinen Töchtern auf den Platz. Mit vorgestreckten Armen suche ich die sechs Stangen – scheu, fast zärtlich streiche ich über sie hin. Nun wird gebaut und im Herbst, am Bruder-Klausen-Fest, steht die Kapelle. – so denke ich!

Da kommen die Gegner aus allen Winkeln hervor – lancieren Zeitungsartikel und reden von Verschandelung des Landschaftsbildes. Überall treten sie auf, denn sie fühlen sich stark und mutig, seit der Bürgerpräsident gestorben ist.

Ein Advokat unserer Stadt wird von den Gegnern vorgeschoben und reicht im Stadt- und Gemeinderat die Klage ein. Da nehme auch ich einen tüchtigen Anwalt, der das Gesetzbuch kennt, denn ich weiss, dass ich den Gegnern, die mit allen, teils unfairen Waffen kämpfen, nicht mehr gewachsen bin.

Das Plätzchen Land am Hagenbuchweg gehört Bruder Klaus – ich verteidige nicht mein Eigentum, sondern das seinige. Erst wenn mir das Bundesgericht den Boden wegnimmt – erst dann stelle ich die Kapelle an einen anderen Ort.

«Verlassen Sie den guten Boden nie!» Diese Worte meines verehrten Bürgerpräsidenten bewahre ich in mir

– ich handle danach und baue auf die Vorsehung des Himmels und auf die Hilfe unseres lieben Landesvaters Bruder Klaus.

Der Weg nach Lausanne

«Wo steckst du denn, ich habe schon lange auf dich gewartet. Es ist eine Einladung hier vom Stadt- und Gemeinderat.» Mein Mann steht auf der Treppe und übergibt mir den geöffneten Brief. «Nun wollen sie das Bruder-Klausen-Land also doch enteignen und haben bereits alles dazu unternommen!» sagt er. Ein schwerer Druck überfällt mich. «Was können wir dagegen tun, wir sind ja machtlos», antworte ich.

«Was sagst du, machtlos? Wir sind nicht machtlos, hinter uns steht der gerechte Bruder Klaus.» – So antwortet mein Mann.

«Du hast den Auftrag – ich halte zu dir! Versuche die Sache im Sinn und Geist des Bürgerpräsidenten friedlich zu lösen. Rede mit den Herren und wenn sie auf der Enteignung des Bodens beharren, dann erkläre ihnen, dass wir den Rechtsweg einschlagen werden. Wir leben immer noch in der freien Schweiz und nicht in Russland.»

Die Unterredungen mit sämtlichen massgebenden Behörden verlaufen negativ; alle meine Einwände zerflattern wie Blätter im Wind.

Mein Mann schlägt den Rechtsweg ein! – Und das Recht siegt! Das hohe schweizerische Gericht hat die Beschwerde insofern gutgeheissen, als die Sache durch die zuständigen Instanzen neu überprüft werden soll. Durch einen neuen Beschluss der kantonalen Behörde wird daraufhin der Bau der projektierten Kapelle ermöglicht.

Erfüllung

Dieser Auftrag, den mir Bruder Klaus gegeben hat, ist für mich erfüllt. Im Laufe der zehn Jahre habe ich nahezu 500'000 Karten verkauft. Das Land, auf das die Kapelle zu stehen kommt, ist gekauft, mit dem Bau ist im Spätherbst 1959 begonnen worden. Die behördliche Baubewilligung ist erteilt worden.

Die Opposition, die sich aus verschiedensten Kreisen und Gründen bemerkbar machte, ist verstummt. Langwierige Gerichtsverhandlungen und Vorsprachen bei den Behörden, die wir uns und allen Gegnern gerne erspart hätten, haben der gerechten Sache schliesslich doch zum Durchbruch und Gelingen verholfen. Danken wir Bruder Klaus von ganzem Herzen, dass er seinem und unserem Anliegen nach mühseligen Widerständen den Weg zur Verwirklichung geebnet hat!

Im Glauben an den Dreieinigen Gott, an die Fürbitte von Maria, von Bruder Klaus und aller Heiligen – im Glauben an die eine katholische Kirche, ihre Führung und ganz besonders aus der Gnade der heiligen Messe habe ich die Kraft, Gesundheit und Ausdauer geholt, das zu tun, was ich tun musste.

Durch das grosse Verständnis des zuständigen Bischofs, durch den Grossmut und die Hilfe der Priester, durch die Güte und das Verstehen der Lehrschwestern, Lehrerinnen und Lehrer sowie durch die Opferfreudigkeit des Volkes konnte dieses Werk geschaffen werden.

Die Kapelle habe ich als Protestantin aufgeschafft. Es ist Bruder Klausens Wunsch, dass sie den Angehörigen beider Konfessionen zur Verständigung und Wiedervereinigung im Glauben dienen soll. In ihr soll die heilige Messe in diesem Sinne gelesen werden.

Die Kapelle soll aber auch der leidenden und suchenden Menschheit eine Stätte des Trostes und des Friedens werden. So wie ich durch Bruder Klausens Fürbitte in Sachseln geheilt worden bin, so bin ich überzeugt, dass er allen Menschen, gleich welcher Konfession, in allen ihren Anliegen beistehen wird.

Gott möge darum dieses Werk segnen und dem Zwecke zuführen, wie Er es denkt.

Frauenfeld, im Advent 1959, Gertrud Huber

Die schmucke Bruder-Klausen-Kapelle, die allen Widerwärtigkeiten zum Trotz zur ökumenischen Begegnungs- Friedens- und Betstätte wurde.

Der Bau der Bruder-Klaus-Kapelle in Frauenfeld, der bereits begonnen hat, erfolgt im Einverständnis des Hochwürdigsten Diözesanbischofs und mit Bewilligung und Unterstützung der örtlichen Geistlichkeit.

Frauenfeld, den 24. November 1959
Johann Haag, Bischöflicher Kommissar

Die Kapelle steht

Der Bischof von Basel, Franz von Streng, hält sein Versprechen. Am 3. November 1960 wird der Altar der Bruder-Klaus-Kapelle in Frauenfeld von ihm persönlich geweiht.

Der ökumenische Pfarrherr

«Es ist schade und es stört mich, dass Sie immer nur von Bruder Klaus reden – warum nicht von Jesus Christus?» Der protestantische Pfarrherr sitzt in meinem Wohnzimmer und sieht mich aus gütigen Augen freundlich an.

«O, Herr Pfarrer, Sie müssen das verstehen. Nachdem, was ich in Sachseln erlebt habe, fühle ich mich mit Bruder Klaus so verbunden – ja manchmal dünkts mich, ich wäre sein leibhaftig Kind.

Aber glauben Sie mir, Herr Pfarrer, ich vernachlässige Gott deswegen nicht. Bruder Klaus ist für mich wie eine Leiter zum Himmel, ein Fürbitter bei Gott – er hilft und rät mir. Er führt mich, und mein Vertrauen zu ihm ist unbegrenzt.»

Der Pfarrherr lächelt. «Und die Bruder-Klaus-Kapelle? Man sagt mir, diese sei rein katholisch und wir Protestanten hätten dort nichts zu suchen.»

«Das ist nicht so, Herr Pfarrer. Die Kapelle ist eine privatrechtliche Stiftung mit einem Stiftungsrat. Sie ist ein Friedens- und Gemeinschaftswerk und gehört allen gläubigen Christen.

Um sie in diesem Geist und dieser Idee zu erhalten, hat der Bischof von Solothurn nur den Altar, nicht aber die ganze Kapelle geweiht. Ihnen, Herr Pfarrer, kann ich versichern, dass ich von meinem Auftrag, eine ökumenische Kapelle zu erbauen, nie abgewichen bin.

Im Gegenteil, überall, sei es in religiösen oder behördlichen Kreisen, habe ich für diese Friedensidee gekämpft. Ja, man hat mich deswegen belächelt – oder was noch schlimmer ist – für nicht normal gehalten.»

«Das ist meistens so mit solchen Dingen. Der Kampf gehört dazu. Darum bin ich auch persönlich zu Ihnen gekommen, um mich an der Quelle zu erkundigen», erwidert der Pfarrherr.

«Auch ich befasse mich seit vielen Jahren mit dieser grossen und von Gott gewünschten Idee der Verständigung. Da und dort stosse auch ich auf heftigen Widerstand.

Wenn wir doch nur endlich das sehen würden, was uns verbindet – nicht immer nur das, was uns trennt.

Da der Kommunismus seine Macht auf dem Unfrieden der christlichen Konfessionen aufgebaut hat und das ganze Abendland bedroht, wäre es endlich an der Zeit, dass wir Namenchristen wirkliche Christen werden; denn im Laufe der Jahrhunderte haben wir leider vergessen, was Christ sein heisst. Christ sein heisst: einander verzeihen – einander lieben.

Und was die Bruder-Klaus-Kapelle von Frauenfeld anbelangt, so ist sie mit ihrer schönen und grossen Idee wohl ein verfrühtes Kind – aber sie ist ein christliches Kind.

Beten wir in dieser Kapelle füreinander, üben wir die Nächstenliebe – denn nur so verstehen und finden wir uns.»

Einige Jahre später

Frieden

Und wieder stehe ich dem Dekan gegenüber; er hat seine vielen Ämter niedergelegt und ist nur noch Präsident des Stiftungsrates der Bruder-Klaus-Kapelle von Frauenfeld. Es nimmt mich wunder, was er von mir will. Ich spüre ein leises Unbehagen.

Vielleicht gibt er mir eine Spende für den Unterhalt der Kapelle, denke ich und beobachte ihn, wie er in seinem Studierzimmer hin- und hergeht.

«Setzen Sie sich, ich habe einige Fragen an Sie zu richten; denn ich werde neuerdings von den Leuten immer wieder gefragt, wieso und warum diese Kapelle ausgerechnet in Frauenfeld durch eine Protestantin aufgeschafft und sogar bis vor das Bundesgericht getragen wurde.»

«Herr Dekan, das wissen Sie doch besser als ich; denn Sie gehören in Ihrem hohen Amt doch auch zu den Behörden von Frauenfeld.

Ich persönlich denke, dass Bruder Klaus das so haben wollte. Zudem habe ich mich mit meinen vielen Gegnern ausgesöhnt und trage Ihnen nichts nach. – Im Gegenteil, auch Sie haben in dieser Kapellengeschichte Ihre Rollen gespielt.»

«Und da der Bischof Sie durch mich in die Kirche aufgenommen hat – wie fühlen Sie sich jetzt?»

«Ich hole aus den Sakramenten all das, was ich brauche für mein Leben, für den Bruder-Klausen-Auftrag, den letzten zukünftigen Weg und für mein Sterben. Ich bin dem Bischof und Ihnen dankbar für diese Gnade; doch Ihnen habe ich mit diesem Auftrag viel Kummer bereitet.»

«Ja, das haben Sie – aber nun freue ich mich an diesem Werk und selbst diejenigen, die dagegen waren, freuen sich mit mir. – Ja, möge diese seltsame Kapelle zum Segen und Frieden unter uns werden.»

Er sagt es leise vor sich hin, bedeckt seine Augen mit den Händen – und ich bin tief gerührt; denn so kenne ich ihn nicht! Dann schaut er auf. «Bei meinem Ableben werde ich der Kapelle besonders gedenken und Ihnen möchte ich nun danken, dass Sie so tapfer durchgehalten haben.»

«Und jetzt ist Frieden zwischen uns, Herr Dekan?»

«Ja, zwischen uns ist Frieden. Bruder Klaus hat gesagt: *FRIEDE IST ALLWEG IN GOTT.*»

Gertrud Huber-Brast

Anmerkung: Die Bruder-Klaus-Kapelle in Frauenfeld ist seit Januar 1973 keine privatrechtliche Stiftung mehr, sondern die erste ökumenisch-kirchliche Stiftung mit einem paritätischen Stiftungsrat.

Gertrud Huber-Brast schenkte fünf Kindern (vier Mädchen und einem Knaben) das Leben, die leider alle bereits verstorben sind.

Sie starb am 23. November 1982. Die Abdankung fand im Krematorium Rosenberg in Winterthur statt.

Am 3. Dezember 1982 wurde die Urne mit ihrer Asche im Beisein des katholischen Pfarrers Max Mündle und des reformierten Pfarrers Eugen Brunner feierlich auf dem Kapellenplatz beigesetzt.

Gedenktafel an der ökumenischen Bruder-Klaus-Kapelle, Frauenfeld

MARIA DUTLI-RUTISHAUSER

Der Hüter des Vaterlandes

45. Tsd., 322 Seiten, 16 Farbbilder, DM 33.-, Fr. 29.-

Über Niklaus von Flüe sind wir so gut dokumentiert wie kaum über einen Schweizer der Vergangenheit. So wertvoll diese Berichte sind – eine historische Gestalt wie Bruder Klaus wird erst in der visionären Kraft einer Dichtung vor unseren Augen lebendig. In diesem historischen Roman hat uns Maria Dutli-Rutishauser den genialen Wurf ihrer schriftstellerischen Karriere hinterlassen. Hier treten uns Bruder Klaus, seine Frau, seine Familie und darüber hinaus die alte Eidgenossenschaft plastisch vor Augen. Mit grosser Spannung verfolgen wir die einzelnen Phasen einer göttlichen Berufung vom Familienvater zum Einsiedler, vom Bauern zum grossen Mystiker und Beter, vom Hauptmann zum Heiligen, vom Ratsherrn und Richter zum Retter des Vaterlandes.

ARNOLD GUILLET

Das Grosse Gebet der Eidgenossen

Aufl. 15'000, 201 Seiten, 32 Abb., DM 13.50, Fr. 12.-

Ist es nicht tröstlich zu wissen, dass schon unzählige unserer Vorfahren aus allen Jahrhunderten dieses «Grosse Gebet» gesprochen haben? Dieses Gebet wurde von den Eidgenossen in ihren Nöten und in allen Anliegen der Christenheit gebetet, und darum sind sie auch niemals von Gott verlassen worden. Das Buch enthält kurze Lebensbeschreibungen aller 82 Heiligen und 86 Seligen unseres Landes.

CHRISTIANA-VERLAG CH-STEIN AM RHEIN